河出文庫

感じることば

黒川伊保子

河出書房新社

はじめに

いつだったか、神秘学の権威であり、占星術師でもあったルネ・ヴァン・ダール・ワタナベ先生に、お目にかかった。

ほんの数分も話した頃だろうか、ルネ先生が突然、「あなたは、触感の魔女だね」とおっしゃった。「あなたのことばは、皮膚に触れてくる。触感でしゃべっているでしょう」と。私はびっくりして、「他の方は、違うのですか？」と質問してしまった。

ものごころついたときから、私にとって、ことばは、触るものだった。

ある人の名は、口の中に爽やかな風を起こし、ある人のことばは、口の中にこもって温かな気流を作る。

たとえば、上あごを滑る息を楽しみながら、私は「すき」と発音する。意味を伝えることよりも、「すき」の体感の気持ちよさが伝わるといいなと願って。

意味に寄り添うことばの触感を、私はずっと感じて生きてきた。

そのことを文章にしよう、と思い立ったのは、十六年前のことである。私に降ることばを紡ぐようにして、文章を仕立てる。その営みは、月刊誌の連載エッセイ「感じることば」として二年間続いた。それらの文章は、後に美しい一冊の本に編んでいただいたが、その本も役割を終え、今は絶版になっている。

先日、その本を久しぶりに読んで、なんとも甘く心が疼《うず》くのに気がついた。この文章は……何と言ったらいいのだろうか……そう、恋をしたくなる。著者の私が言うのも変だけど（微笑）。

私は、ことばを紡ぐとき、そのとき持っていた恋情を一緒に紡いでしまったようだ。恋をする力が強かった脳。今はもう書けない色彩の文章である。その恋する力が、文章ごしに今の私を照らす。恋をしてみたくなったし、実際にしてしまうかも。この効果は、私の今の読者の方にも起こるかしら、とちょっと嬉しくなった。

なので、その恋情を掻き立てるエッセイを、この文庫で、蘇らせてみた。

一冊まるまるそれで行く勇気はなかったので、半分は、最新のエッセイで中和してある。十六年の時間差を、楽しんでいただけたら何より。

そうそう、男性の方も、「女の恋情？」だなんて、引かないで。
ここには、女心をゆらした、大人の男のセリフが並んでいる。そのまま使わないまでも、きっと何かのインスピレーションになるはず。
男は、もっと、女にことばを与えなければいけない。女を満たすのはことばである、結局。

それでは、「感じることば」を、どうぞ。

二〇一六年六月、くちなしの匂う宵に

黒川伊保子

感じることば　目次

はじめに 3

第一部 家族の風景

家族の絆をつくるもの 15
とやかく言われたくない？ 19
すべての男の母になる 23
ベルサイユの花 27
子育ての掟 31
嫁姑問題は恐ろしい？ 37
きみしかいない 41
優しさが生まれるとき 45
男の余裕の表し方 49
失敗が男の顔をつくる 53
脳の中の七 57

記念日の迎え方、過ごし方 62
脳の底力 65
褒めて育てる? 69
英雄とヒーロー 73
夫婦の言い分 77
あいづち、あいうえお 81
失敗と呼ぶな 86
明日できることを、今日するな 92

第二部 恋の情景

思いの科学 99
幸福な質問 107
刹那の奇跡 113

穏やかな予感 120
少年たちの夏 126
やわらかな自我 132
愛するもののなまえ 138
甘やかな呪文 144
狢《むじな》ものがたり 150
神聖な責務 156
食卓の風景 162
降り積もる思い 168
紅を放つ 173
憂いの魔女 178
美しい水 184
物語の扉 191
終わりの魔法 199

感じることば

家族の風景

第一部

家族の絆をつくるもの

我が家の包丁は、男たちが研ぐ。

職人の息子に生まれた夫は、それはそれは上手に刃物を研ぐのだ。父親の手元を見て覚えたそうである。

私が働く母だったので、息子も、その舅の工房で育った。彼も、幼いころから、刃が砥石に当たるしゃっしゃっしゃっという心地よい音に憧れ、刃物を研ぎたがった。

その息子が、自分専用の肥後守《ひごのかみ》（和製の折り畳みナイフ）と砥石を与えられたのは、小学校に入った頃だっただろうか。女親としては早すぎる気がしたが、夫の中には「刃物を扱えない男はみっともない」という確固たる美学があったようだ。肥後守に慣れた頃、夫は、何年もかけて吟味した、美しいサバイバルナイフを息子に贈っている。

夫も息子も、ナイフを使って何でもする。肉の塊をきれいにさばくし、革細工も得意で、ある晩、食事の席で「ペンケースが欲しい」と言ったら、二人ともそれぞれに作ってくれたことがあった。どちらも気に入って手放せないので、私のバッグの中には、今も二つのペンケースが入っている（微笑）。

さて、結婚以来、夫が研いでいた我が家の包丁が、息子の手に託されたのは、息子が十五になったときだった。

その責務は、父から子へうやうやしく継承され、最初の一年ほどは、研ぎ終わると息子が父を呼び、父が仕上げ研ぎをしていた。その仕上げ研ぎがいらなくなって、今や、息子が我が家の包丁番である。

その我が家に、鋼《はがね》の手作りの包丁がやってきた。刃物の名産地に行ったときにお土産にもらったのだが、私は生まれて初めて「切るだけで楽しい」という感覚を味わった。息子曰く「この包丁は、料理人のように、使ったらその日のうちに研ぐべき包丁」なのだそうだ。この包丁の面倒を見るために、彼は毎週、下宿先から片道二時間の道のりを、バイクにまたがって帰ってくる。

この包丁には「伊保子」と刻まれているので、我が家では「伊保子」と呼ばれている。先日、帰宅後、刃を確認した途端に、息子が「ハハ、伊保子で、何を切ったの」と詰問してくるではないか。「え、かぼちゃです。おかげさまで、とてもよく切れました」と報告したら、「やめてよ、伊保子みたいな繊細な切れモノで、そんな乱暴なことしないで」と注意された。「え、私が繊細？」と聞き返したら、「いや、この包丁」とにべもない。

逸品の包丁を鈍らせないために。父の好きなトマトを、母がストレスなくスライスできるように。成人して家を離れた息子は、そんなふうに実家を案じてくれている。

家族の絆とは面白いものだ。そんななんでもないところに、固く美しく結ぶだなんて、想像もしていないことだった。

どうも、人は、便利だから、安心だから「家」を愛するわけじゃないらしい。自分がいないと成り立たない、手がかかるからこそ、それが愛おしいのだ。

介護される身になった実家の母は、何もできないのが情けなくて涙を流す。かつて、夫の祖母は、「老人センターに行ったら？　ただでお風呂に入れてくれるよ」と言われて、涙を流した。「国に何かしてもらうようになったらおしまいだ。国に何ができるかが、国民の価値なのに」

明治の女は、家を案じるように、国を案じた。祖母たちの時代、この国は国際社会としては後進国で、きっとはらはらさせられ、手もかかったのだろう。日本が先進国の一角を担うようになった今、大衆は国を案じてはいない。なにかというと、国への不満が募るだけだ。

そう考えると、冷凍やレトルトの食品が手作りのように美味しくて、エアコンのスイッチも携帯端末から気軽に入れられて、掃除もロボットがしてくれて、ブレーキも車が踏んでくれる社会は、いかがなものだろうか。「国」と同じように、「家」も「車」も愛せないことになってしまう。

料理もうまくてやりくりもうまい、隙のない良妻賢母も危ないかもしれない。それじゃ、便利だから家にいるが、家のために何かをしようとは思わない夫や子どもと暮らすことにはならないだろうか？

せめて、一家にひとつ、レトロで手がかかることを残そう。家族のすべてに「あなたがいなければ、家は回らない」という何かがあって、はじめて「家」が成り立ち、家族の絆ができるのに違いないから。

とやかく言われたくない？

「他人に、とやかく言われたくないから」

言動にそつがない二十歳の男子に、「もう少しおおらかになればいいのに」とアドバイスしたら、そんな答えが返ってきた。

若いのにそつがなさすぎるのは、実は危ない。そつがないのは、脳が「他人から見た正しい行動」に囚われて、自分の真実を見つけ出すモードにいないからだ。自身の脳に、試行錯誤をゆるしていないのである。試行錯誤のできない脳は、世界観を広げられない。臨機応変さや柔軟性も低くなる。新しい知識が身につきにくく、料簡の狭い脳になってしまう可能性が高い。

その上、うっかり、そつがないことで周囲に可愛がられてしまったら、それが自分の存在意義になってしまう。すると、生涯にわたって、常に、他人に後ろ指をさされることを怖れて生きていかなければならない。

それに、素人のそつのなさは、けっこう周囲に気を遣わせる。そつがなくていいのは、サービスのプロたちだけだ。だから、うっかり「そつがない人」になってはいけないのである。たとえ、褒められたとしても。

というわけで、くだんの二十歳男子は、私に一喝されることになった。

「男が、そんな小さく仕上がってどうするの！　とやかく言いたい他人には、とやかく言わせたらいいい。とやかく言うのは気持ちいいから、その人へのサービスだと思って言わせればいいの。あなたは、他人の目を気にしすぎていて、世の中をちゃんと見ていないでしょう。この世は、あなたの脳を中心に描かれる、お芝居の舞台のようなものなのに。生きる目的は、この世界を味わい尽くすことであって、他人から見たいい子ちゃんになることじゃない。この世を自分の目でしっかりと見た人だけが、社会にとってかけがえのない人になれる。それが本当のカッコイイなんだからね」

同じセリフを、息子にも言ったことがある。

息子が中学二年だったある日のこと。おなかの調子が悪くて三十分ほど遅刻した息子が、態勢を立て直した後もリビングでぐずぐずしていた。聞けば、一〜二時間目が調理実習なのだそう。「今から行くと、料理が出来上がった頃に着くことになる。食べるためだけに行くなんて、自己チュウなことできないよ」

「はぁ？　何バカなこと言ってんの。遅刻しただけなんだから、あなたの分の食材は用意されている。行かなければ、せっかくの料理が余ることになる。どっちが自己中心なのよ。潔く行って、美味しく食べて、後片付けで頑張りなさい」

そう言ったら、「この世で最も自己チュウなハハに、そんなこと言われたくない」のだそうだ（！）。「くろちゃんは食べるためだけに来た、って言われるのも嫌だ」

「ははぁん、あなたは、他人にとやかく言われるのが嫌なのね。失敗しない隙のない男より、失敗して、おおらかに謝って、リカバれる男のほうがカッコイイって知ってた？　とやかく言いたい人には、とやかく言わせてあげたらいい。とやかく言うのも、けっこう気持ちいいんだから、サービス、サービス」

にわかに気持ちを入れ替えられない中学生男子を置いて、私は旅に出た。ほどなく、彼のメールを受け取った。「ハハのほうが正しい。今から学校へ行く」

夕方、旅先に届いたメールには、「班の人たちは、くろちゃんが間に合ってよかった、舌が肥えてるから味を見てほしかった、って迎えてくれた。行ってよかった。ありがとう」とあった。

息子のクラスメートに心から感謝である。息子は、とやかく言われる覚悟で家を出たけれど、クラスメートたちの温かい言葉で、自分の心配が杞憂であることを知った。

十四歳の脳に、「世間は自分が思っているよりも温かい」と刻印された効果は絶大だ。彼は、おかげさまで、どこに出ていくのにも気後れしない二十代に育ってくれた。

他人にとやかく言われたくない。

生真面目な親に育てられた、聞き分けのいい子ほど、この呪縛に囚われている。家族では解き放つのは難しいから、「他人の大人」が役に立つ。

というわけで、新入社員に疲れの出るこの時期、周囲の若い人たちにぜひ教えてあげてほしい。とやかく言われるのは怖くない。失敗の一つや二つやらかして、おおらかに謝れるほうがカッコイイ。世間は、あなたが思っているよりもずっと寛大なんだよ、と。

すべての男の母になる

男は、「娘」と「母」に弱い。

だから、働く女性は、このどちらかを演じると得なのだ。

二十代のうちは、「娘」のように、まっすぐに言いたいことを言えばいい。率直で一生懸命で、ときにちゃっかり甘え、傷ついたら相手をなじって泣いてもいい。

しかし、三十二歳を過ぎたら、女は「娘」の恩恵をきっぱり捨てて、「母」に変わらなければならないのである。たとえ、「ちゃっかり娘」役がうまく行っているように見えても、きしみは静かにひたひたと押し寄せる。やがて、周りとぎくしゃくして、「上司は私を認めてくれない、部下は私の言うことを聞いてくれない、同僚は私を軽く見る」と言って泣くことになる。すべての働く女性に伝えたい。いっそ「母」になってしまいなさい、と。

私自身が三十二歳のとき、私には乳飲み子がいた。

とにかく時間がなく、通勤電車の中でも論文を読んだり、報告書を書いたりしていた。ある日、夜遅い電車の中で英語の論文を読んでいたら、酔っ払いのオジサマが絡んできた。「ねぇちゃんは、自分のこと頭がいいと思ってるんだろう。え?」

そのとき、私は、お乳が張っていて、母性が爆発寸前だったのだと思う。おかしなことに、そのオジサマがなんだか愛しくなってしまったのだ。この人にも母がいて、お乳をあげて大きくしたのかと思うと胸がいっぱいになって、気がつくとオジサマの手を両手で握っていた。「おじさん、風邪ひかないで帰んなよ。外は寒いから」

オジサマはびっくりしたような顔をして、次にばつの悪そうな顔になり、こう言って電車を降りて行った。「おねぇちゃんも頑張りな。絶対、出世しろよ」

「母」には敵がいない。すべての男の母になってしまえばいいんだわ。と、私は知ったのである。

以来、私は、職場の母になった。上司が何か理不尽なことを言ってきても「ひどい」となじる気持ちにはならない。「自慢の息子のご無体」として受け止めるから、口をついて出るのは案じることばだ。「部長、どうしたんですか? そんなことをおっしゃるなんて、何か緊急事態でも?」という感じの。

部下が命令通りに動かなかったときも同じだ。なじるのではなく、案じる。先に「何かあったの？」と聞く。

上司に対しては、この人を男にしてあげたい、と思い、部下に対しては、この人を守ってあげたい、と思えばいいのである。

だから、常軌を逸したひどい発言があっても、「部長、その発言は、男としてかっこ悪いですよ」とクールにかわせばいい。部下を叱らなければならないときも、「嫌な人だと思われるかも」とひるむこともない。育ててあげなきゃ、かわいそうだからだ。

無理難題にも、私はけっして「できない」を言わない。母に拒絶された子どもはショックだろうな、と思うから。なので、無理な期日を押し付けられたときも、私はこう言う。「完璧に仕上げるには、もう三日いただきます。どうしても明日中と言うなら、八割がたの作業で暫定的な報告書を出しましょう。いかが？」

暑い外から帰ってくれば、お茶の一つも淹れてあげたくなる。残業飯に何を食べたのか、聞いてあげたくなる。栄養が足りなければ、ゆで卵の一つもむいてあげたくなる。男女平等なのに、そんなことをするのはおかしい？　いやいや、これこそ、女性が出世していく大きな鍵なのだ。

こういう言動をする女性に、男性は本当に弱い。いつのまにか一目置かれて、とても重要な存在になる。

出世している女性の多くが、「職場の母」になっている。私の友人で、大手メーカーの研究所で重鎮になっている女性は、明確に職場で「おっかさん」と呼ばれているくらいだ。取締役も彼女の見解を聞きたがり、部下たちは心底頼りにしている。彼女自身は、天然の母性に身を任せて、何のストレスもなく、周囲のすべてを包み込んでしまっている。

子どもを持たなくても、女にはその感覚が備わっている。というより、子どもをなじりながら育てている「大人になりきれない母」なんかより、子どもを持たない女性のほうが、すっきりと「母」になれる。

なじる代わりに、案じる。してもらいたいことを数え上げる代わりに、してあげられることを数え上げる。すると、ぎくしゃくしていた人間関係が、オセロゲームの逆転劇のように、鮮やかにひっくり返る。どうか、お試しあれ。

ベルサイユの花

四十年ほど前のこと、私が十代のとき、『ベルサイユのばら』という漫画が一世を風靡した。

女性でありながら軍人として育てられた男装の麗人オスカルと、王妃でありながら異国の伯爵と情熱的な恋に落ちたマリー・アントワネットのダブル主人公で、激動のフランス革命を描くこの漫画は、当時の少女たちの心をわしづかみにした。なにせ、いくつもの禁断の恋が、男たちが命と誇りをかけて突き進む革命と共にあるのである。

一九七四年、宝塚歌劇団が舞台に採用。革命に引き裂かれていく男装の麗人の恋は、まさに宝塚のお家芸で、大成功をおさめた。そんなふうに『ベルばら』が社会現象にさえなった頃、私の高校のクラスでは、世界史が「フランス革命」の章にさしかかっていた。

実は、私が高校時代に世界史を習ったのは、私自身の父からだった。父は、高校の社会科の教師で、私は父の高校へ通っていたのである。

父は、家で私が持っていた『ベルばら』を読んでおり、この話題を出して、女子高校生の世界史への関心を惹きつけようと画策したのに違いない。「フランス革命」と、堂々と黒板に書いた後、振り返ってにっこり笑って、こう言ったのだ。「ほら、あれだ、ベルサイユの花」

残念なミスである。クラスは大うけで、授業はいつにない集中力で受け入れられた。しかし、十七歳の実の娘としては、この言い間違いはあまりにも恥ずかしく、頭が真っ白になってしまった。とうとう、フランス革命は、何も私の脳裏に残らなかった。その晩、四十代の父親が、高校生の娘にどんなに叱られたかは、皆様の想像通りである。

その父も、昨年、八十五歳でこの世を去った。

父は、亡くなる三週間前、最後に私の息子と会ったとき、フランス革命談義に花を咲かせた。「映画の『レ・ミゼラブル』を観てわかったんだけど、フランス革命って、一回で終わらなかったんだね」と言った孫に、「ああ、そうだよ。フランスが手にした自由は、紆余曲折の果てに、おびただしい血を流して手に入れた、凜々しいそれさ。日本人が考える自由とは、まったく違う。実はさ、おじいちゃんの卒論のテーマは、フランス革命だったんだ」と微笑んだ。娘の私にも、初耳だった。

　ふと柔らかな声で、父は孫の名を呼んだ。「お前は高校で世界史をやったかい？」

「やったよ。受験科目だった」と孫が答えた。すると父は、「世界史は、不完全な科目なんだ。申し訳ない」とあやまった。

　父は、戦後すぐに東京教育大学で国際政治を学んだ。おそらく、戦後教育の骨格を決めた中枢の大学の一つだったのだろう。世界史の誕生の現場を、父は見つめていたのだ。「戦後の若者たちに、世界を正しく理解させるために、世界史という学問が作られた。しかし、現場の教育学者たちは頭を抱えたのさ。西洋史と東洋史は相容れない。十字軍遠征だって、西から見たら遠征だが、東から見たら大量虐殺だ。一つのことばにもできやしない。そこで、困った学者たちは、西洋史と東洋史をバラバラにしてつなげて、しのいだんだ。いつか何とかしようと言い合いながら。しかし、戦後六十年を超えても、〝世界史〟は未完成のままだ。そんな学問を習わせて、申し訳ない」

　父の授業は、たしかに、西洋史と東洋史の融合を図ろうとしたその一つの成果を見せていた。一つの出来事の後ろにある、東洋側の関連事象と、西洋側の関連事象を、時系列にひも付けしてあったのだ。

　ああ、もっと、真面目に、あの授業を受けていればよかった。余命いくばくもない父の手を握りながら、してもせんない後悔をした。理系受験生だった私にとって、世界史なんて、受験ツールにしか過ぎなかったのだ。

同じ理系の息子は、祖父の謝罪を静かに受け止めた。「おじいちゃんのせいじゃないよ」とも言わなかった。

祖父を失った後、息子は、「アラビアのロレンス」で有名になったイギリスの大佐トーマス・エドワード・ロレンスの『知恵の七柱』を読み始めた。民主主義を生んだ国の、十字軍の研究家である軍人のことばから、世界の歴史に触れてみようと思う、と彼は言う。

この夏、『ベルばら』の新エピソードが発売される予定だと聞き、ふと「ベルサイユの花」と言い放った瞬間の父を思い出した。今の私よりはるかに若い四十代の健康な男子である。なかなかのイケメンで、底抜けにおおらかであった。

この人の娘に生まれたことは、かなりラッキーだったと思う。

もう一度、父に会いたいなぁ。あの晩、あんなに叱ってごめんね、お父さん。

子育ての掟

先日、子育て雑誌の企画で、タレントのつるの剛士《たけし》さんと対談をした。十二月発売の本なのに、この夏一番と言われた猛暑日の撮影。つるのさんは赤いセーターを羽織って、涼しげに微笑んでいた。タレントさんもたいへんである。

さて、その対談の中で、なんとも素敵な話を聞いた。ライターさんの「どんなときに子どもたちを叱りますか？」という質問に対し、つるのさんが「妻の悪口を言ったとき」ときっぱりと言い切ったのである。

「母親に対するネガティブな発言は、理由がどうであれ、決して許さない。そのときの僕は怖いですよ。子どもが言うことを聞かなくて、困った妻から電話がかかってくると、後ろで子どもたちが泣いてるのが聞こえますもん。パパにだけは言わないで～って（微笑）」

この方は、おバカタレントなんていう売られ方をしたけれど、なんて賢明な方なのだろうと、私は舌を巻いた。

私の父も、同じような発言をしたことがある。

私が十歳くらいのことだったと思う。ある日の夕方、私は母と盛大に親子喧嘩をした。どう考えても、私の理屈のほうが正しかった。その証拠に、母は、泣いてごまかそうとしたのである。それがまた卑怯に思え、私は大いに憤慨していた。

そこに、父が帰宅したのである。私は、父にとてもかわいがられた娘だったので、絶対に父は私の味方をしてくれると信じて疑わなかった。

なのに、とうとうと経緯を語る私に父は、ぴしっと、こう言ったのである。「どちらが正しいか、俺は知らん。しかし、母親を泣かせた以上、お前が悪い」

父はこう続けた。「よく覚えておくといい。この家は、母さんが幸せになる家だ。母さんを不幸にしたやつは、それだけで負けなんだ」

私はショックだった。しかも、なんとも爽快感のあるショックだったのである。「そうか、私も将来、私がお姫様になれる家を持てばいいんだわ」と明るく理解した。

私の両親は、たとえば寿司屋に行ったときも、カウンターに夫婦がまず中央に並んで座り、両端に子どもを置いた。夫婦の間に子どもを置くスタイルではなかったのである。

つるのさんも、同じことをおっしゃった。「レストランでも、乗り物でも、まず先に自分と妻の席を決める。子どもは二の次。夫婦が家族の基本だから」

父が母を徹底して尊重していたことは、娘の私にとって、本当にありがたいことだった。そのおかげで、男性に対してとても無邪気な信頼感を持つようになったから。男は、いったん愛すると決めたら、いちいち評価なんかしないものだと、すとんと信じられたのである。

「いい」から愛し、「悪い」から愛さない。優しいから愛し、優しくないから愛さない。そんな揺れ方はしない。「こいつが俺の女房」と決めた以上、自分の身体の一部のように、自分の女房を感じていくのだ。人は、自分の左腕をいちいち評価しないし、「愛してるよ」とか「キミがいないと生きていけない」とか言ったりもしない。男の愛は、いっそ清々しくて、深い。

もしも、父が母を軽んじたり、愚痴や悪口を言ったりするようなことがあったら、私はきっと、父の評価を気にし、歓心をかおうとして母を出し抜く嫌な娘になっていたかもしれない。長じれば、周囲の評価を気にし、恋人のみならず、上司や顧客の歓心をかおうとして必死になって生きることになってしまったかもしれない。夫に対する無駄な不信感を抱く羽目になったかもしれない。

父が母をきっぱり尊重してくれたおかげで、私はそういう呪縛から自由になったのである。

父である人は、娘の前で、けっして妻を軽んじた発言をしてはいけない。ましてや、娘が母親を馬鹿にするような発言を許してはいけない。それは、妻のためでもあるけれど、娘が将来、周囲に不信感を抱いたり、人の歓心をかおうとするような呪縛に囚われないためだ。


ちなみに、母親も、息子の前で夫の悪口を言ってはいけない。

こちらは、脳科学的には、少し理由が違う。空間認識力に長《た》けた男性脳は、大きく思念空間を取る癖がある。将来の遠い目標がなければ、今の一歩が踏み出せないようなところがあるのである。

何年も勉強し、何十年も身を粉《こ》にして働いたあげくに、妻にないがしろにされている父が目標では、男の子は今日の九九が覚えられない。父親が輝いて見える家庭にしてあげれば、男の子は安心して、今日の勉強やスポーツに打ち込める。

母や父のいない家庭では、偶像の母や父をつくってあげればいい。離婚した夫婦なら、「夫婦としては相性が悪かったけれど、彼（彼女）には、いいところがあった」という態で。離婚の理由は、できれば「愛しすぎて、互いの要求が高すぎた」という辺りに落とし込んでおいたほうがいい。

子どもに、嘘をつくのは気が引ける？　いやいや、これは脳科学的には嘘じゃない。離婚の理由は多々あれど、その真実はただ一つ。哺乳類は、感性が真逆の相手に発情するからだ。「寒さに強い個体」と「暑さに強い個体」、「神経質な個体」と「無頓着な個体」が惚れあう。全方位の感性を取り揃えて、子孫を強くするためである。一度惚れあった男女は、それが短い期間に燃え上がった恋情であればあるほど、やがて、相手の「予想に反する言動」の数々にイラつく関係になっていく。それを乗り越えて親友になり、人類愛に発展させるのが夫婦の道のりなのである。途中で投げ出すくらい辛いのだとしたら、よっぽど感性が違っていて、激しく発情したのに違いない。というわけで、「愛しすぎて、ダメになった」は、どんなにひどい事実上の理由があったとしても、脳内の真実なのである。

夫婦仲は照る日・曇る日・嵐の日、いろいろあると思うけれど、子どもの伸びやかさのために、尊重し合う姿を見せたいものである。つるのさんのイクメンぶりに敬意を表して、自戒と共に。

嫁姑問題は恐ろしい？

フジテレビの「してみるテレビ！教訓のススメ」というバラエティ番組の二度目の出演が決まった。ダウンタウンが総合司会を務める金曜ゴールデンタイムのバラエティ番組である（二〇一五年三月終了）。

最初の出演のときに、松ちゃんの胴間声に驚いて頭が真っ白になり、しどろもどろになって、ちゃんと仕事ができなかった（理論の説明が尻切れトンボになっちゃった）ので、出演依頼はもうないなと思っていたら、テレビ的にはそれが良かったらしい。びっくり。テレビという情報媒体は、正しくすべてを伝えることよりも、親近感をもって、情報がそこにあることを示すことが大事らしい。たとえば、「夫婦のミゾは、脳のミゾ」という真理と、当面の対処法がわかれば、テレビの役割は終了。理論に興味があれば、ネットで調べたり、本を買ってくださったりするのだそうだ。なかなか、勉強になります。

さて、明日収録をするその番組（二〇一四年十月三十一日放送。この原稿を読んでいただく頃には放送は終了している、ごめんなさい）のテーマは「嫁姑問題」である。

私は、下町の職人の家に嫁に入って三十年、二十三歳の息子がいるので、立場は微妙。嫁の立場とも、姑の立場ともつかずに、台本作りにご協力をした。今回は、一般からの実際の嫁姑問題の相談にお答えするかたちで、全体が進んでいく。

その相談の中の一つに、こんな質問があった。

「以前から姑の嫁いびりに困っているのですが……。正月、実家に帰ったとき、親戚一同で姑である母が作った雑煮を食べようとしたら、嫁の雑煮にだけモチが入っていませんでした。姑の故意の行動に嫁もピリピリ。こんなとき何と言えばよかったですか？」

スタッフも、「これはひどい話でしょう、黒川先生」と、すっかり嫁の味方である。たしかに、自分が育っていない家の慣れないお正月、自分の椀にだけお餅が入っていないなんて、なんとも悲しすぎる……よね、嫁の立場からすれば。

でもね、ちょっと待って欲しい。この嫁は、餅を焼くのも、盛り付けるのも、はたまたそれを見守って運ぶことさえも手伝わなかったのよね？　そのうちの一つでも手伝えば、椀の一つに餅が入っていないという事態はつくれない。

正月のおもてなしの終盤に、雑煮はやってくる。親戚一同が集えば、その家の主婦の忙しさは、雑煮でピークを迎える。別に嫁でなくても、誰かが「餅を焼くよ」「運ぼうね」と声をかけ合うのが家族じゃないだろうか。我が家なら、息子だけじゃなく、食事に招いた息子の友人までもが、盛り付けを見守って、料理を運んでくれる。将来の嫁が、それをせずにどっかと座っていたら、私はきっとショックだと思う。

雑煮は、その家の伝統の味だから、姑はそう簡単に嫁に手を出させないはずだ。けれど、だからといって台所に入らなくてもいいの？「この家のお雑煮の作り方を、見せてくださいね」くらいの心がけがあってもいいのじゃないだろうか。

このエピソードに、「姑はひどい、嫁が可哀そう」と言えない私は、もう姑感覚だからなのだろうか……いやいや、これは人間として、家族としておかしい。どっかと座って、姑が運んでくるお椀を受け取った息子夫婦の鈍感さにびっくりする。

姑は、ほんと、ムカついたに違いない。餅の一つも捨ててやる気になったのも、わからないでもない。でも、そういう息子に育てたのは自分である。息子が「母さん、手伝うよ」と言いながら自然に台所を気遣うように育っていたら、嫁だって、つられて立つことになるだろう。嫁にそれができないのは、嫁自身も、毎日の台所で孤独でいるのかもしれない。

もしも、私がこの姑なら、私は、嫁ではなく息子に「けんちゃん、お餅、焼いてくれない？」と声をかけるだろう。で、二人で仲良く雑煮を仕上げる。まずは、息子の再教育からだし、気になった嫁が台所に来てくれたら大歓迎だ。

さて、では、実際に意地悪をされたときの対処法としてどうしたらいいかだが、男は「そこに悪意がある」ことに、あくまでも気付かないふりをするのが一番である。ただただ無邪気に、「母さん、お餅が一個足りないよ〜」と言えばいいのである。「忙しいからだね、一人でさせてごめんね」と言えればベスト。

これは、嫁の姑いじめも一緒。無邪気な男子に、その母も妻も勝てない。そこに深い闇があると感じても、決して気付いたふりをしちゃいけない。夜道に座っているのっぺらぼうみたいなもんである。まぁ、そう考えると、嫁姑問題は、やっぱり恐ろしい？

きみしかいない

「あなたとだから、踊れるんだよ。誰とでも、こんなふうにできるわけじゃない。あなただけなんだ」

……という世にも甘やかなセリフを二十九歳の男子からもらったのは、ほんの一昨日のこと。ことばの主は、身長一八六センチのロマンティックなイケメンである。五十五歳女子としては、まさにノーベル賞より輝くことば。私はきっと、棺桶まで持っていく。

ボールルームダンス（ワルツやタンゴなど男女が組んで踊るダンス）に、私は、並々ならぬ情熱を注いでいる。究極の身体制御を要するスポーツなのに、この国では、長らく風俗営業法の管理下にあり、日陰の存在だった。最近でこそ、日本でも十八歳以下の子供たちが競技会で活躍できるようになったが、それでも他のスポーツ競技のようには環境が整っていない。

たとえば、世界へ出ていくプロの競技ダンサーでさえ、専任のトレーナーを持たない。ダンスを教えてくれる師はいても、からだの基本の動かし方や養生の仕方、栄養の摂り方や心のコントロール術をサポートしてくれるトレーナーがいないのだ。

若い世代の見栄えが良くなり、フィギュアスケートでは表彰台の常連になっている日本なのに、競技ダンスの世界選手権では準々決勝にも残れない。このままでは、この国から、ボールルームダンス自体が消えてしまう。

ダンス歴三十六年の熱烈なダンス愛好家である私は、ここ数年、正しいダンスを追求するために、さまざまな分析を重ねてきた。今は、脳科学に照らして最も効果があると判断したスポーツトレーナーの道場に修業に通っている。元プロ野球選手やボクサーに囲まれて、腹筋もままならない五十五歳のおばちゃんがコーチ修業に奮闘する姿は、コメディ映画になりそうなほど滑稽だが、私は負けてはいられない。冒頭のセリフをくれた男子を支えたいからね。五年前、初めて彼を見た瞬間から、彼の才能が半端じゃないのはわかっている。美しき若きパートナーにはなれないけれど、五十代女子の溢れる母性で、その才能を枯らさないことだけはできる。

その彼が、会心のダンスを踊れた瞬間に、「あなただけ」と絞り出すように言ったのである。ちょっと涙が出そうになったけれど、そこはおばちゃんである。「なにをあらためて〜」と茶化しておいた。涙ぐんで抱きしめてもらえる権利はないものね

（微笑）。

さて、この「あなただけ」は、女性に、責任の重い仕事を言い渡すときの金のことばだってこと、知っていましたか？

上司が部下に昇進を告げるとき、この国では「きみならできる」ということばがよく使われる。

これは、男性脳には心地よく響くはずだ。ゴール指向型の男性脳は、昇進は「一つのゴール」として好ましく受け止められる。その上、上司が「きみならできる」と信頼を示してくれたら、この上なく誇らしい気持ちになるに違いない。

さて、一方の女性脳のほうは、プロセス指向型なので、〝昇進〟はゴールではなく、「次のプロセスへの入口」に過ぎない。昇進を言い渡された瞬間、女性の脳には、過去の様々な苦労が去来する。病気の子どもをひとり家に置いて仕事に出かけた朝、急な残業で帰れなかった夜……そのギリギリの努力の継続が、よりいっそうの責任感のもとに、重く肩にのしかかる。「きみならできる」と明るく言われたって、「なんの根拠があって？」と聞き返したくなるくらいだ。

そんな女性の心を動かすことばは、「きみしかいない」しかないのである。「あの気難しい顧客先の部長を手のひらに乗せて、若い人たちをうまく育ててやれるのは、きみしかいないだろう。会社を頼むよ」と言われれば、女性は、その脳に生まれつき備わった大いなる母性で、その責任を呑み込むのである。

女性が、「私しかいない」と思うのは、自惚《うぬぼ》れじゃない。そもそも昇進を厄介事だと思っているのだから、その火中の栗を拾うのは私しかいないと観念するからだ。昇進を言い渡したのに、いい顔をしない。男性たちのそんな嘆きを聞くたびに、その場の女性のざらつくような気持ちを思わずにはいられない。とはいえ、デキる女性はいい情報や顧客を握っている。簡単にリングから降りてもらっては、男性だって困るでしょう？　こんな場所にある男女脳差を、どうかいま一度、心に留めて欲しい。

そして、プライベートでもどうか、「きみしかいない」を言ってあげて。私のように、棺桶まで持っていくパートナーもいると思うから。

優しさが生まれるとき

あるとき、テレビを観ていたら、「子どもを電車の席に座らせてはいけない」と息巻くコメンテイターがいた。理由は、「そんなことをしていると、痛みのわからない子になり、弱者に席を譲れない子になってしまう」から。

「えーっ、逆じゃないの⁉」と、私は、思わず声を上げてしまった。


私たちの脳には、ミラーニューロンという脳細胞がある。「鏡の脳細胞」。その名のとおり、目にした現象を、そのまま脳裏に写し取る脳細胞である。たとえば、目の前の人が満面の笑顔を見せてくれると、ついつられて笑顔になってしまうことはないだろうか。これは、ミラーニューロンが表情筋を写し取ってしまった結果の出力だ。

一方、ヒトは、嬉しいことがあるから嬉しい表情になるわけだが、神経系には逆の作用もある。嬉しい表情筋は、嬉しい気持ちを誘発するのである。つまり、他者の嬉しそうな顔を目の当たりにすると、自らの「嬉しい表情筋」が反応し、神経系に「嬉しい気持ち」を作りだす。嬉しそうな顔を見ると、なんとなく嬉しい気分になるのには、そんなわけがある。

だからね、嬉しそうな表情の人は、無意識に周囲の気持ちを明るくしてしまう。どんな表情をするかは、感性コミュニケーション上、思いのほか大事だ。どんなことばより、その人が役に立つ能力や情報を持っているかどうかより、ずっと、その人の居場所を作るのである。

その嬉しそうな表情筋が、どこから来たかといえば、その人を育ててくれた大人たちのそれであり、その人の周囲にいる人たちのそれである。表情筋は、写し取られるようにして伝染する。いつも一緒にいる仲良しのふたりは、よく似た表情になってくる。「似た者夫婦」ということばもあるものね。

幼い頃から、厳しい顔で「席なんかに座るな」なんて言われていた子が、なぜ優しい大人になれるのだろう。

たとえば、柔和な笑顔で「おまえがお座り」と言ってくれた祖母がいて、幼子は優しさを知るのではないだろうか。泥のように疲れた帰り道、席に座ってほっとする。やがて、席を譲ってくれた人の優しさが身にしみる。優しい子になってもらいたかったら、優しくしてあげたらいい。愛のある子に育てたかったら、愛を注いだらいい。「自立できなくなるから」と言って、厳しくするお母さんもいるけれど、脳科学上、甘やかしたからといって自立できないわけじゃない。

自分で考えて行動することができない若者になってしまったのなら、問題はもっとずっと以前にある。赤ちゃんの頃、「何かに目を留め、好奇心に駆られて、自分で手を伸ばす」ことが自立の萌芽なのである。自立とは、脳にとって、「自分の欲するところに気付き、問題提起ができ、問題解決ができること」だからだ。

赤ちゃんの頃から知育玩具を与えられ、習い事に学習塾……脳が欲する前に、先に先にテーマが与えられてしまったら、脳は「欲するところを知ること」も「問題提起」も学ばないまま大人になってしまうのである。

「先に先に与えること」をやめ、子どもの育ちを待ってあげる余裕が自立心を育てる。自立心さえ芽生えれば、甘やかしても、それが容易に消えることはない。

私は、大人相手でも同じだと思う。

誰かに、愛に溢れる人になって欲しいと思ったら、ひたすら愛を注ぐ。裏切られても、ひるまない。

ときに「若い人に、そんなふうに愛やチャンスを注いだら、スポイルすることになる」と警告を受けるのだが、私は、この方法で意欲を溢れさせなかった若者を知らない。なめられたこともない。

ただ、最近、気付いたのだが、人には愛や支援を受ける器の大きさがあるようだ。それがとても小さい人がいて、注げば注ぐほど猜疑心を募らせることになる。その場合は、悲しいけれど手を引くしかない。その器の大きさはどうも、親からもらうもののようだ。親の笑顔の回数かもしれない。ミラーニューロンの仕組みからすれば、親から笑顔をもらえなかった人は不幸だと同情するが、ある年齢からは自分が笑えばいいだけだ。笑顔は伝染《うつ》って、必ず返ってくるからね。

誰もが良かれと思ってそうするのだろうが、脳の機能構造から見れば、親たちは、知育という名のもとに子の自立心を奪い、躾という名のもとに子の優しさを奪うように見える。「甘やかしたら、痛みがわからない子になる」なんて思想、どうか、この世から消えてください。

男の余裕の表し方

「若い男子が、年上の女性になめられない話し方を教えてください」
先日、ある雑誌の取材で、そんなふうに尋ねられた。
「残念ながら、ことばでは、どうにもならないわ」と、私は即座に答えた。

若い男子は、ことばでは絶対に年上の女性に勝てない。女性脳は、「今の対話」に使う脳のバッファ（ワーク領域）が男性脳の何倍もあって、いくつもの文脈を同時に操るし、ことばを生み出す速度が半端なく速い。男性が数語思いつく間に、数十から数百語が脳裏に去来する生き物だからだ。

女性脳は、共感してくれる相手に好感度を上げるので、もちろん、共感することは大事。「ほんっと、○○ですよね」と、直前の女性のことばを反復したり、「確かにそう」「よく、わかる」などと気持ちよく相槌を打てば、女性たちの覚えはめでたいが、「なめられない」方向へもっていけるかどうかは微妙。そんなわけで、若い男子は、年上女子に、ことばなんかで勝とうと思うな、なのである。

しかしながら、女性上司が多い会議では、やはり一目置かれて、きちんと話を聞いてもらいたい、というのが、男心に違いない。

さて、実は、そんな席で、一目置かれる魔法があるのである。女性をさりげなく見守ることだ。

女性と同行して会議室に入るときは、ドアを開けて、女性を通してあげること。会議室に入ったら、女性が着席するのを目視で優しく見守りながら、彼女が腰を下ろしたあとに、ゆっくり腰を下ろすこと。複数の女性がわらわら入ってきたら、すべての女性の着席を見守ってから、それをする。座ったあとに女性が入ってきたら、いったん立ち上がって、それをする。

これは、ヨーロッパの、ある程度以上の階級の紳士たちが、幼い頃から自然にする振る舞いである。ほんの五歳の男の子でも、レストランや劇場で、同行の女性が座る前に、どっかと腰を掛けることはしない。祖母や母親が無事座ったのを確認して、にっこり微笑みながら、静かに腰を下ろすのである。この動作は、「自分がこの席のリーダーであり、皆を守る立場である」ことの暗黙の表明であり、男子には、この振る舞いをする権利と義務がある。そして、この振る舞いには、殊のほか、男子を大人に見せる効果があるのだ。

こういう姿勢を見せてくれる男子を、女性は潜在意識の中で頼もしいと思い、育ちの良さ、あるいは教養の深さに一目を置く。

というのも、これがしつけられずにできる男子は、ほぼ皆無だからだ。ヨーロッパの紳士たちができるのは、幼い頃から、大人たちのそういう動作を目撃していたから。あるいは母親にしつけられるから。

残念ながら、日本男子は、絶望的に〝見守り〟ができない。自分が先に会議室に入り、先に席に座る、通路に出るときに扉を開けてやろうともしないし、エレベータの乗り降りでも「お先にどうぞ」と言って譲ることをしない。ひどい男子は、女性に、肘や荷物があたっても気にしない。周囲を見ていないのである。

男女は平等だから、エスコートは要らない？　確かに理論上はそうかもしれない。もちろん、女性たちも「男女平等」なので「エスコートは格別必要だなんて思ってはいない」し、日本女性はそのことで評価を下げはしないのだが、知らず知らずのうちに、それができる男子に一目置いていることは、男子たるもの覚えておいたほうがいい。これこそが、若い男子が女性の先輩たちになめられない、唯一の方法といってもいい。

最近、ある女医さんが、こんなことをおっしゃった。「病院は、ほぼ九割方女性の職場。だから、医師たちは、女心をつかまないとうまく機能しない。それが、昨年入ってきた新人の男性医師が、格別ハンサムというわけでもないのに、婦長以下すべての看護師や事務員さんに大切にされて、とてもいいパフォーマンスを出している。不思議に思って、ふと兄弟構成を聞いてみたら、姉四人の下の末っ子長男なんですって(!)」

姉四人に、道を譲り、席を譲り、その代わりにちやほやされてきた末っ子長男は、自然体で、女性たちに一目置かれる動作を知っているのだろう。

世の男子たちは、この真似をしない手はないと思う。合コン、婚活でも同じ。見守れる男子は人気が高い。どうか、お試しあれ。

失敗が男の顔をつくる

このところ、「どうせ失敗するのなら、自分の工夫で失敗するより、他人の言いなりで失敗したほうがまし。叱られないから」という人が多いような気がして、気になって仕方がない。

組織の方針がイケていないのに、「せめて、こうしたらいいのに」と陰でつぶやきながら、それを上司に提案しない。理由を聞くと、「僕のアイデアも百パーセントうまく行くとは限らないし、上司も耳を貸さないだろうし、それに、どうせ失敗するのなら、言いなりで失敗したほうがまし。自分の責任にならないから」なのだそうだ。

若者だけじゃない、五十代のベテランが、そう言って長いものに巻かれようとする。若者はまだゆるす、私と同じ世代でそれをするなんてどうなの⁉　「二十四時間、戦えますか」時代を共に生きたはずなのに。あの若き日の雄々しさはどこに行っちゃったの？

ま、しかし、やっぱり、エグゼクティブ・ゾーンには、そういう人は一人もいない。

軽やかに前例を壊して、先へ行く。工夫しないで沈むことなんて、ビジネス人生の誇りにかけて、できやしないのだ。

五十代のビジネス人材は、大きく二つに分かれる。「責任は私にある。成功はきみのもの」という人たちと、「責任は私にない。失敗はひとのせい」という人たち。

前者は、「やるか、やらないか」、それしかない。やればいいとわかれば、躊躇なくやってのける。後者は、「わかってはいるけれど、そうはいっても」という人たちだ。人のアドバイスに、いろいろ反論して確証を求めるくせに、結局アドバイスに従わない。

五十代ともなると、その心根は風貌に現れる。前者はカッコイイ。もちろんそのカッコよさは、親にもらった顔の造作ではない。

若い人たちに問う。あなたは、どっちの大人になりたいだろうか。

もしも、前者を選ぶのなら、若き日に、きちんと失敗することだ。きちんと失敗したものだけが、失敗を怖れない大人になれる。

私たちの脳は、生涯にわたって成長する。夜眠っている間に、脳神経回路が書き換わるのである。

日々の体験の中で、成功して嬉しい思いをすれば、成功に使われた関連回路に電気信号が行きやすくなる。逆に、失敗して痛い思いをすれば、失敗に使われた関連回路に信号が行きにくくなる。つまり、ヒトは、年を重ねて「直感的に失敗しにくく、成功しやすい」脳になっていくのである。

しかも、失敗体験は、成功体験よりずっと大事。失敗すれば、要らない回路に電気信号が流れなくなる。とっさの判断のときに使う回路の母数を減らす、これこそが、「直感的に失敗を回避する」脳への欠かせないエクササイズ。このため、しっかり失敗を重ねた脳だけが、失敗しない自信を持てる。失敗を怖れないですむのである。

なのに、残念ながら、「失敗」が脳にフィードバックしない人たちがいる。失敗を他人のせいにする人たちだ。せっかく痛い思いをしても、それを「あいつが悪い」「会社が悪い」と他者のせいにすると、脳が失敗だと気付かないのである。失敗だと自覚しないから、回路が書き換わらない。

失敗を脳のエクササイズにするためには、痛い思いをしたら、すべて、自分の責任にすること。相手が百パーセント悪い失敗でも、「自分にも○○できたのに」「○○してあげればよかった」と悔やんでほしい。正しく発注したのに、間違った納品があったときにも、「繁忙期を避けてあげればよかったね」と声をかけてあげられるくらいも、「自分のせい」を見つける。たとえ、悪意のある裏切りを受けたのだとしても、裏切らせてしまった自分の隙を思い、裏切らせてしまったことを悲しいと思おう。

それともう一つ、勝負を投げないことだ。最初から負け試合をする人たちは、負けたとき「まぁ、そんなところだと思った。しかたない」と言う。それでは、やはり、脳は失敗を自覚できない。

人は、どんなささいなことでも勝負を投げてはいけない。負けるとわかっているプレゼンでも、「せめて、心に残ることばをひとつ残そう」などと、自分の勝負ポイントを決めること。そして、その勝負に負けたら、潔く負けを認めることだ。

人生、失敗を怖れることはない。失敗を潔く認めれば、脳が進化する。怖れるべきは、逃げの試合を漫然とすること、他人のせいにすること。「負けてもかまわない。潔さを学べばいいだけだ」と言い切ったのは、錦織圭《にしこり》を世界ランキング五位（二〇一六年四月現在六位）に押し上げたコーチ、マイケル・チャンである。

いくつになっても失敗は進化の種だが、三十五歳までのそれは値千金。親や指導者である人は、どうか、若い人たちの失敗を「いい経験」と受け止めてほしい。勝たなきゃ意味のない競技の世界で、「負けてもかまわない」と言い切った名コーチを見習って。

脳の中の七

人は、七という数字に「特別の感覚」を覚える。そんな理論をご存知ですか？

ものごとを認知するとき、脳がとっさに使う超短期記憶の収納場所がある。レジスタと呼ばれるその場所は、脳が受け止めた情報を一時的に保持して、その全体性をはかるために使われる。そのレジスタを七つ持つ人が、人類の大多数を占めるのである。

かつて電電公社がダイヤル電話を普及させるとき、現場には、電話番号（市内局番）を七桁以内にするように厳命が下ったという。理由は、七桁までなら、耳で聞いて、ダイヤルを回し終えるまで正しく覚えていられる人の数が九十パーセントを超えるのに対し、八桁になった途端に十パーセント近くまで下がるからだったそうだ。

そろばんを得意とした、当時のこの国の人々でさえ、七桁を超える数をとっさにつかめる脳が十パーセントである。おそらく、世界平均は、これよりはるかに少ないと思われる。

というわけで、脳には、全体性をつかむために、とっさに使われる「個別情報の仮の収納場所」が七つある、と定義できる。

たとえて言うならば、脳には「全体」を顕わすテーブルがあり、そのテーブルには座席が七つあるのである。座席が埋まれば、人は、すべてが取り揃った感じがして安心する。つまり、〝新しい概念（世界観）を伝えるとき、七つの属性で表現すると腹に落ちる人〟の数が人類の大多数を占めるということだ。

そのせいか、和書・翻訳書を問わず、「〇〇の七つの法則」という本のタイトルは山ほどある。世界七大〇〇、七不思議、七つ道具なんてまとめ方もある。ラッキーセブンに七福神……幸福は、洋の東西を問わず、七つの座席をいっぱいにしてやってくるらしい。冒険者は七つの海を越え、七色の虹を見る。歌姫は、七つの音色（ドレミファソラシ）で歌を歌う。

キリスト教の聖書は、七のオンパレードだ。「ヨハネの黙示録」第一章にあるキリストの描写は、「七つの金の燭台が見え、燭台の中央には、人の子のような方がおり、（中略）右の手に七つの星を持ち、口からは鋭い両刃の剣が出て、顔は強く照り輝く太陽のようであった」とある。人に内在する七つの大罪、十字架にかけられたキリストの最後のことばも七つである。

なかでも「知恵の七柱」ということばには、脳科学の学徒として、強い衝撃を覚えた。

旧約聖書「箴言」第九章冒頭。欽定英訳聖書では、Wisdom hath builded her house, she hath hewn out her seven pillars…… と表現されている部分だ。「知恵の女神は、宮殿を建て、七本の柱を立てた……」

そう、まさに、脳の中の「認知のための7つの枠組み」を言い当てたようなことばだったから。

さあ、脳の特別数七。あなたにも、「七」で気付く、何かがあるのでは？

世界中の誰もが気付く七がある。一週間ですね。

世界中が七日一セットすなわち一週間で暮らしているのは、キリスト教の神様が六日で世界を創り七日目に休息したからであり、ユダヤ教、イスラム教の神様も七日で暮らせと言っているからなのだが、この三つの宗教は同じ古代宗教に端を発しているので、揃っているのは不思議じゃない。けれど、仏教までが、初七日《しょなのか》、二《ふた》七日……と七日を数え、四十九日で故人をあきらめていくでしょう？

神や仏が導く「七日」は、私たちの神経系の中にある「七日」なのだろう。そう考えると、逆に、神や仏と呼ばれるものは、脳の共通感性の表出なのではないだろうか。神や仏の導きに従うということは、脳神経回路にとって正しい方向で生きる、ということになるのかもしれない。

時間幅で言えば、七年という一巡も、私たちの脳の中にはある。

離婚した人に「離婚を決心したのは結婚から何年目？」とアンケートを取ったら、七年目、十四年目、二十一年目などにグラフの山が立ち上がる。転職経験者に「転職を決心したのは、前職についてから何年目？」という質問でも同じことが起こる。

流行も、七年前のアンチテーゼで起こることが多くて面白い。

二〇〇二年ごろ、丸くてカワイイ車の流行がピークに達した。七年後の二〇〇九年、「かくかくシカジカ、四角いムーヴ　コンテ新登場！」「町で噂の四角形男子、ルミオン」「キューブは四角い」など、わざわざ〝四角い〟を強調するＣＭが人々の注目を集めた。

二〇〇四年、「電車男」や「世界の中心で愛を叫ぶ」など、大袈裟にめげる男子が人気を呼んだが、七年後の二〇一一年にはなでしこジャパンをはじめ、めげない女子が人気に。

二〇〇八年、お菓子は「まったり、もっちり、とろ〜り」の最高潮に。七年後の二〇一五年、私どもの会社では、クランチチョコレートのような「歯ごたえ菓子」が戻ってくることを予測していたのだが、二〇一五年春のコンビニチョコの新作に、二つのチョコクランチが登場している。

あなたもぜひ、脳の中の「七」、大衆の中の「七」で、この世の秘密を見つけてみてください。なんともエキサイティングな知的遊びだし、もしかするとヒット商品を生み出すかもしれない。

記念日の迎え方、過ごし方

女性が記念日にこだわる一方で、男性は記念日を忘れやすい。そんなふうに、よく言われる。

ふたりの記念日をすっかり忘れて、「私なんて、どうだっていいと思ってるんでしょ」なんて言われた経験のある男子もいるのでは？

男性脳と女性脳では、記念日の意味が違う。

男性脳はゴール指向型。記念日に関しても、男性脳は記号論的かつ成果主義的。結婚記念日も家族の誕生日も「何かイベントをしなきゃいけない日」にすぎず、「十周年」「五十周年」のような節目には、それなりに「ここまできたか」という思いがあるものの、六年とか十三年とかの半端な記念日は、特に感慨はないはず。

しかし、プロセス指向型の女性脳にとって、記念日はここまでのプロセスすなわち来し方を思う大事な日。結婚十三年目とは、十三年分の思い出を紡ぐ日なのである。

「十三年か～。そういえば、あのとき、あ～だったなぁ、あのときは、あ～だったし」なんてね。

このとき、女性脳は「感情」で思い出を紡ぐ。今と同じ感情と共にある記憶を、いもづる式に引きだしてくるのだ。ここが、男にとって、とてもとても重要な点なのである！

結婚記念日に、夫が自分を大切にしてくれて、満ち足りた気持ちになったら、「ここまでの幸せな思い出」を紡ぐことになる。しかし、逆に夫が自分をないがしろにしたら、「ここまでのむかついた、やりきれない思い出」を紡ぐことになる。

男と女の暮らしなんて、幸せを数えても、不幸せを数えても、どちらもたっぷりあるものだ。思いっきり思い出紡ぎモードに入っている記念日に、優しい声をかけられただけで、この結婚が「とても幸せな結婚」に思えてくるのに、ちょっとないがしろにされただけで、この結婚が「とても不幸な結婚」に見えてくる。天国と地獄に分かれるのだよ、男性諸君。これからは、とても怖くて、記念日を忘れられないでしょう？

せっかくだから、記念日を効果的に過ごす方法を伝授しよう。コツは二つある。

一つめは、前々から声をかけておくことだ。二〜三週間前に「今年の結婚記念日は土曜日だね。美味しいワインでも飲みに行こうか」なんて声をかけておけば、記念日までの間、女性はそのことばを何度も思い出して、ちょっと嬉しい気分になっている。どの服を着て行こうか、靴はどうしようか、美容院にはいつ行こうか……などと考えて、その度に、夫が自分を大切に思ってくれているようで嬉しい。

近未来の記念日に言及するたった一言が、記念日へのプロセスを作りだすのだ。それが、プロセスを味わい尽くす女性脳に、絶大な効果をもたらすのである。

二つめは、記念日の当日、来し方を語り合い、ねぎらいのことばを伝えてあげること。派手なお祝いでなくても、「ああいうこともあったね、こういうこともあったね、いつも傍にいてくれてありがとう」と伝えよう。周年記念のときには、「きみの味噌汁を飲むのも三十年になるね。おふくろのそれよりずっと長いんだな」なんて、しみじみ言ってみて。

来し方を共になぞらえてくれる男性を、女性は、どんなに愛しいと思うかわからない。記念日は、その効果を千倍にするポイント加算デーなのである。利用しない手はない。ほーら、もう、忘れてなんかいられないでしょ？

脳の底力

先に、ヒトの脳の中には、「七日」と「七年」を一巡と感じる生理的な特徴があるという話をした。

仏教では、初七日、二七日……と七日ごとに区切りをつけて、七七《なな》日（四十九日）で故人への思いを完遂させていく。

四十九日は、脳が、神経系に起こる変化に対応する期間でもある。友人が、生まれつき聞こえなかった片耳を手術して、両耳が聞こえるようになった。すると、不思議なことが起こった。目の前の人がしゃべっているのに、その人の声が横から聴こえる。目の前の車のエンジン音が横から聴こえる。世の中が九十度ゆがんでしまったようで、どうにもバランスが取れずに恐怖さえ感じたという。

これは、脳科学的には至極当然なこと。

耳を持つ動物は、両方の耳から入る音の差分から、その音の発信源の位置を知る。片方の耳だけでは、本来は「音の中心」が探れないのだ。しかし、脳というのは素晴らしく臨機応変な装置で、片耳だけで生きていけば、やがて、脳がうまく自動的に補正をするようになり、「音の中心」を探れるようになる。耳の聴こえと音の正体の位置の組み合せをいくどとなく経験すれば、その関係性が脳に反映されるからだ。

彼の場合、このような片耳補正がかかっている脳に、いきなり両耳からの情報が入るようになった。元の補正分だけ音の中心位置がずれるので、目に移った風景と、音の風景がずれてしまうのだ。

でも、心配することはない。脳は逆の補正をかけて、音の中心は、ちゃんと元の位置に戻る。それにかかる日数の目安が四十九日なのだ。彼自身は、主治医に「一か月半ちょっとで元に戻る」と言われ、まさにそうなった、と教えてくれた。数えてみれば、たしかに四十九日だったと。

例えば、病気でやむなく臓器を切除するようなことがあったときも、脳は、全体のバランス調整に最初は苦慮するが、四十九日で新しい身体に慣れる。当初の「身体が思うようでない」事態に絶望することはない。脳は、新しい身体に必ず適応してくれる。

脳梗塞の後などは、使えなくなった細胞の周囲の細胞が活性化して、健康なときよりも記憶力が上がったりもする。私の父は六十九歳のときに脳梗塞で倒れ、半身に軽い不自由が残ったが、ほどなく単純記憶力が高校生並みになり、英単語を二万語も暗記して七十代後半には英語の書籍が不自由なく読めるようになった。脳の底力には、驚かされる。


さて、「七年」のほうはというと、ヒトの脳の一生を刻む。

ヒトは、七歳までに小脳という場所が、その機能を取り揃える。小脳は、歩行や発話のような複雑な身体制御を司り、空間認知をし、直観やつかみ、イメージを創り出す機関だ。この発達臨界期が八歳。すなわち七歳までに、人は言語や歩行の基本機能を完成させる。つまり、人としての基礎が取り揃うのである。

その七年後、十四歳で、大人脳の完成期だ。子ども脳は、あらゆる経験を、豊かな感性情報と共にアナログで取り込む脳だが、そんな入力を続けていたら、脳細胞がいくらあっても足りなくなってしまう。そのため、よほど心を動かされた体験でない限り、過去の記憶との差分だけを要領よく覚える効率のいい脳に変わるのだ。それが十四歳。そこから十四年間は単純記憶力の最盛期になる。二十八歳までの脳は、勉強するにも、仕事を覚えるのにも適齢期。さぼってないで、がんがん突き進んでほしい。

ちなみに、間の二十一歳は、前頭前野の完成期。前頭前野は分別をつける場所なので、社会的には、だいたいこのあたりで大人になったように見えるはず。成人式が二十歳で行われるのにも意味がある。

さて、四十九歳は、七年×七の周期。四十九日で脳が環境変化への対応を完遂したように、この世に生まれて四十九年目、脳は人生そのものに何らかの完遂感を覚えるようである。四十九歳は、男性の突然死と自殺のピーク年なのだそうだ。信長も「人生五十年」と謡《うた》った。女性の閉経の平均年齢も四十九歳十一か月。

しかし、五十年を過ぎると、脳は、新しいタームを生き始める。脳は、五十六歳で出力性能を最大にする。「直感で正解を出せる」素晴らしい状態になって、健康でさえあれば八十四歳までその状態をキープする。人生で最も頭のいいのは、七年周期で言えば、この第八ブロックから第十二ブロックまで。脳の〝賞味〟期限は意外に長い……と思っていたら、最近では、九十代の健康な人の脳は若がえるというデータも。

脳はどこまですごいんだろう。

褒めて育てる？

最近、「褒めて育てる」をテーマに、講演や取材を受けることが多くなった。誰かが流行《はや》らせているのかしら？

実は、脳感性学上、「褒めて育てる」には「？」なのである。「なぜ、褒めて育てたいのですか？」とご依頼を受けた方に尋ねると、皆、「自己肯定感を育てたいから」とおっしゃる。

はてさて、私の「？」はさらに深まる。「褒めて育てる」は、自己肯定感をつくらない。というより、ことさら褒めることを強調すると、逆効果になることのほうが多いからだ。

自己肯定感すなわち自尊心は、大切な人に頼りにされることで脳内に芽ばえる。頼りにされて、その信頼に応えることで、感謝される。ときに、「頼りになるあなたがいること」＝存在そのものを感謝される。この二つで、子どもの脳には、しっかりと自己肯定感が根づくのである。

子どもの脳は、切ないくらいに自分の存在を肯定してくれる何かを探っている。自分がここにいなければ、誰かが生きていけない……となったら、その肯定感は半端ない。

私は、赤ん坊だった息子を抱きしめて、「あー、あなたがいるから、ママは頑張れる。よく生まれてきてくれたわ」と言い続けてきた。幼い彼は、私が原稿の締め切りに頭を抱えていると、飛んできてくれたものだ。私の背中をとんとんしながら、「ゆうちゃんがいるから、書けるよ、大丈夫」と励ますために。彼には、母親を支えている、という自負が早いうちから芽ばえていた。

別に、彼に自己肯定感を授けたくてそうしたわけじゃない。私自身が、いつも限界ぎりぎりの生き方をしてきたので、幼い息子さえも頼りにしないと生活が回らなかったただけなのだけれど。

二十四歳になっても、息子の自己肯定感はゆるがない。受験だって就活だって、累々と失敗を重ねたのにもかかわらず、なぜか、自分がしようと決めたことは、いつか必ずやり遂げられると信じている。「だって」「どうせ」「だめ」なんてセリフは、一度も聞いたことがない。誰かが彼をけなしても、一秒たりともひるまない。批判は、反発するわけでもなくアドバイスとしてやわらかく聞いて、楽しそうなのだ。

　こうして、自己肯定感がしっかりある人は、たとえけなされても、信じたことのために頑張れる。一方で、「褒められたから嬉しい。褒められたから、自分はここにいていい、自己存在価値を感じる」という自己肯定感は、危うい。人にけなされたら、一気に萎えてしまう。褒められないと頑張れない大人をつくってしまうのである。

　自己肯定感のある者は、人に優しい。他人を見下さないのである。なぜなら、脳は、自分を認知するように、他者を認知するからだ。自己肯定感のある子は、世間の誰もが、自分と同じように、「大切な存在」だと自然認知するのである。

　一方で、自己肯定感の薄い者は、他者の存在意義もわからないから、他者を大切にできない。自分が、褒められることを存在意義として生きてきたので、他者も、「自分に役に立てば（優秀ならば）（ちやほやしてくれれば）」価値があり、そうでなければ価値がないように感じてしまうからだ。

　だからだ。脳の認知の構造に照らして、ことさら褒めて育てることは危ない。そう思えてならない。

　しかし、一方で、子どもに対して、ここぞというときに「喜び」を表現することは、とても大事なのだ。

歌舞伎の名門の子どもたちは四、五歳までに初舞台を踏む。このとき、親たちは支援者に根回しをし、会場を愛好家たちで埋め尽くす。先代の初舞台から見守ってきたような客たちは、幼い〝サラブレッド〟が舞台に登場しただけで陶酔のため息を漏らし、首を振れば喝采が湧きあがるのである。この初舞台の絶頂感は、子どもの脳の深い場所にしっかり書き込まれ、「舞台は輝かしい場所、嬉しい場所」という感覚が生涯消えない。梨園では、初舞台の成功は、スターを育て上げるために不可欠な要素とも言われているのである。

ただし、このときのポイントは、上から目線の「褒める」ではなく、下から見上げる憧れ（期待、信頼）と、満たされた喜びであること。つまり、「よくできたね～、すごいね～」じゃなく、「きゃぁ、素敵」じゃないだろうか。

頼りにして、感謝する。褒めるより喜ぶ。心から。

ビジネスの人材を育てることにも通じることかもしれない。

英雄とヒーロー

私の著書に『英雄の書』（ポプラ社、二〇一五年）という本がある。いきなり宣伝のようで申し訳ないのだが、ここでの話は語感のこと。英雄とヒーローについて、である。

私はこの本の中で、「英雄」と「ヒーロー」を混在して使っている。

編集では、同じ意味の語彙は統一するのが基本だ。そのため、校正原稿には、「英雄とヒーロー、統一しますか?」という朱書きが添えてあった。しかし、どう頑張っても、「ここはヒーローしかない」「ここは英雄だよね」という場所があり、統一できない。

編集者も、それはちゃんと感じていたらしく、「統一できません」と言い切ったら、「そうですよね」と即座に納得してくださった。

しかし、この話題は、出版直前、営業サイドから再び寄せられた。いわく、「〝ヒーローになる者に贈る、英雄の書〟などと、キャッチコピーを考えるとき、なぜか自然にヒーローと英雄が混在してしまうのです。かまいませんか？」と。

私はそのとき、担当の女性の柔らかなアルトで語られた「英雄」と「ヒーロー」を聞いて、「ああ」と声をあげそうになった。そうか、こんなに語感が違うのか、と。

結論から言えば、「ヒーロー」は、外にアピールする語感なのである。人々が憧れるのは「ヒーロー」だ。一方の「英雄」は、内に響く語感。なので、秘伝の書の名は、『英雄の書』のほうがしっくりくる。魂の傍に置いておく書のような気がして。

ヒという音は、肺の中の息を、一気に軟口蓋（喉の天井部、ノドチンコの裏の付け根あたり）に当てて出す息の音。喉にぶつかった息は、上あごを勢いよく扇状に滑り、口元に噴射されてくる。

肺の中の息は、血液で温められて熱い。このため、喉は、一瞬焼けるように熱く感じるのである。しかし、扇状に上あごを滑って、唇に当たる息は、意外にも冷たい。熱力学には「流体の移動距離に対して触れる表面積が大きいほど、その温度が下がる」という法則があり、上あごと舌のようなでこぼこした形状の隙間に空気を通せば、当然冷却される。空冷機の構造と一緒である。

つまりヒは、音韻の中で、最も熱く、最も冷たい音なのだ。日本人は、太古の昔からそのことを知っていた。だから、火にも氷にもヒという音を与えてきたのだろう。冷える、のヒでもある。

一音の中に、熱さと冷たさを内在するヒは、情熱と冷静を感じさせて、カリスマ性を彷彿とさせる。卑弥呼はヒミコだから、怖さを感じさせて、「伝説の女王」のイメージができあがったのではないだろうか。これが、愛らしい音韻のキミコやリミコだったら、同じような効果があったとは思えない。土方歳三も、ヒジカタだから、粛清もまたあり、という凛とした気迫を醸し出す。彼がムナカタ・トシゾウだったら、新選組は、粛清政治ではない方策を取ったのかもしれない。

続くロは、舌を翻して出す、腹腔に響く音だ。R／L音は、舌を翻す感覚が、人に何かをアピールして知らしめる感じや、転がる感じをつくりだす。また、腹腔への響きが地鳴りの体感に近く、大地にあまねく広がる感じをつくりだす。実は、世界中の車のネーミングに最も多く使われているのがR／L音なのである。華やかなアピール力と、エンジン音を彷彿とさせる体感のためだろう。

さて、カリスマ性の「ヒ」と、何かを知らしめ、あまねく広げていく「ロ」を、共に長音で強調してつなげたヒーローは、まさに、そんな存在。英雄を人々から見たら、ヒーローに見えるのだ。

　一方のエイユウは、すべて母音だけで出来た音並び（ユはイとウを一拍で発音した二重母音である）。母音は、身体の内側に響く音。したがって、エイユウは、ひたすら内面の充実を彷彿とさせ、ヒーローの内側にある魂の色合いを表す呼び名だ。したがって、ヒーロー自身は、自らをエイユウと呼ばれたほうが誇りを感じ、勇気が出るはずだ。

　なので、私の本は、「ヒーローになる者に贈る、英雄の書」に他ならない。これを言ってくださった営業パーソンのセンスに舌を巻く思いだった。

　外来語を柔軟に取り入れたこの国では、同じ意味のことばが複数存在することがある。レターと手紙、ランチとお昼ごはんのように。恋人に送るのはレターだけど、家族に送るのは手紙。女友達とはランチだけど、夫とはお昼ごはんを食べる。私たちは、きっと、その語感を知らず知らずのうちに使い分けているのに違いない。ことばの感性とは、顕在意識の及ぶところを遥かに超えて、繊細で深いのだなぁと改めて思う。

夫婦の言い分

先日、熟年世代のご夫婦十五組ほどの前で、脳科学的「男女のミゾ」の講演をさせていただいた。男女のすれ違いを大いに笑い、「ほら、あなたのことよ」「お前のことだぜ」なんて互いにつつきあって楽しんでいただいた後のこと。八十歳になったばかりという素敵な紳士から質問があった。「私たちの世代の男たちは、妻に責められたときに〝気付いてあげられなくてごめんね〟なんて甘いことばは死んでも言えない。いや、死んだほうがまし（ここで男性陣から拍手）。私たちの世代向けに、もう少し楽なセリフを教えていただけないだろうか」

私は、はたと困ってしまった。男性脳的に難易度の低いことばなんて、まったく思いつかなかったからだ。

そこで、隣にいらした奥さまに、こう投げかけた。「ごめんなさい、とっさに思いつかないのです。こうなったら、奥さまにお尋ねしましょう。奥さまは、なんて言ってほしいのでしょうか？」

それに応えて、奥さまがこうおっしゃった。「私たちの世代は、女のほうも、そこまでのセリフは期待していません。でもね、今朝も少し雲行きが怪しくなりましたの。私が言ったことに、お前それは少し違うよ、と文句をつけまして。結局、私の言い分が正しかったのですが、あやまりもせず黙ったままおしまい。こんなとき、せめて〝そうか、わかった〟と穏やかに言ってくだされぱいいのに、と思います」

名回答！　さすが、結婚五十年超えのお似合いのご夫婦。なんて的を射た答えなのだろう。

妻にとって、夫のだんまりほど腹が立つことはない。妻と夫の言い分が分かれて、結局妻の言い分が正しかったとき（あるいは両方正しくても、妻の言い分が合理的と判断されたとき）、たいていの夫が憮然と黙り込む。男性脳は、勝ち負けにこだわる脳なので、ついそんな態度に出てしまうのに違いない。しかしながら女性脳は、「共感」によって会話を終結させる脳なので、「そうか、わかった」がなければ、強いストレスが残るのだ。

結局、妻の言い分を呑んだのだから、ここはついでにもう一押し、多少の不満は残っても「そうか、わかった」と返してあげてほしい。このことばが、妻の気持ちをどれだけ慰撫するかわからないのだもの。甘いことばは要らないから、せめて「そうか、わかった」と言ってほしい。阿吽《あうん》の呼吸で寄り添う妻の、最後の砦のような回答。これは、深いなと思った。

しかし、考えてみれば、夫の言い分が通ったときの妻も、似たような反応を示すのじゃないだろうか。ふくれっ面で、大きな音を立ててドアを閉めたりして。男性脳は、勝った（言い分が通った）だけでひとまずストレスが軽減するので、女性脳ほどストレスが残らないが、それでも不快であることは事実。ここで、「そうね、あなたの言うとおりね」なんて言えたら、きっと極上の妻なのだが、そんなセリフ、理論でわかっている私でさえ、とっさに言える自信がない。

考えてみれば、この世には、正解が一つしかないことなんて案外少ない。特に日常生活では、妻の言い分も夫の言い分も、見方を変えればそれなりに一理あるものだ。生殖相性のため、まったく違う遺伝子の相手に惚れるので、愛し合った男女の「一理」はまったく違うところにある。このため、夫婦の「一理」同士を戦わせても決着はつかない。結局のところ、どちらかがどちらかの言い分を呑みこむかたちでしか終われないのだ。

つまりね、自分の言い分が通ったからといって、相手が悪かったことにもならない。ならば、言い分を通したほうにも、相手への思いやりが必要かもしれない。「あなたの言うことにも一理あるわね、でも、ここは私のやり方にさせてね」くらいの優しい展開が。

ただし、うちの夫にこれを言ったら、「じゃぁ、僕の言ったとおりにしてよ」と蒸し返されそうなので、怖くて言えない。あー、夫婦はやっぱり、厄介だ。

「夫婦は話し合っても喧嘩になるだけなので、話し合わないことに決めたのです」と言ったのは、かのアルバート・アインシュタイン博士である。晩年のパーティで、夫婦円満の秘訣を聞かれて。「妻がこう提案してくれた。日常の些細なことは私が決める、重要なことはあなたが決めてね、ってね」

ただ不思議なことがあって……と、彼は続けた。「結婚して何十年、僕が決めるべき重要なことが一つもなかったことです」

ノーベル賞なみの（平和賞ですね）大発見ではないだろうか（微笑）。

あいづち、あいうえお

先日、V6の井ノ原くん（イノッチ）と対談させていただいた。イノッチといえば、NHKの朝の人気番組「あさイチ」で、有働《うどう》由美子アナウンサーとの絶妙な掛け合いを見せる「年上女性さばきの名手」。
「年上女性を上手にさばく男子には、複数の姉がいる」という私の経験則にのっとって、イノッチにその質問をしてみたら、「姉は一人だけど、おばたちがいつも一緒だったので、女子トークにもまれて、姉がたくさんいるようなものでした。そういえば、姉の友達ともよくおしゃべりしてたなぁ」とのこと。やっぱりね（微笑）。

女性との対話は、共感で始まり、共感でしめる、が基本系。女たちはみんな、無意識にそんな会話をしている。

たとえば、女友達に「なんだか、腰が痛くて」と言われたとき、女性なら十人中ほぼ十人が自然に同じことをする。相手のことばの反復と、同情だ。「え〜、腰が痛いの。それはつらいわねぇ」という感じ。

女なら間違っても、いきなり「医者に行ったの?」なんて切り返さないのに、熟年男子の多くが、いきなりこれを言うのである。

この、体調不良を口にしたときの「医者に行ったのか」は、綾小路《あやのこうじ》きみまろネタにもあるくらいの定番なのだが、私はあるとき、お医者様の学会で、この話をして「しまった!」と思ったことがあった。さすがに医者はこれを言わないだろう。……じゃ、なんて言うの?

好奇心に駆られた私は、講演の壇上から、不躾にも理事長先生に質問してしまった。「お医者様は、奥さまにこう言われたら、どう返しますか?」

理事長先生のお答えは、とてもふるっていた。「医者はさぁ、妻にこれを言われたら、こう言うね。——そりゃ、お前、老化だよ。そんなことで医者になんか行くなよ、医者は忙しいんだから」

機知に富んだその回答に、会場は大爆笑である。実際には、妻の機嫌を損ねるのを覚悟の、そんなシャレた回答はしないのだろうが、考えてみれば妻のほうも、医者の夫に対して、あいまいな体調不良を口にしないのかも。相手はプロだからね、いくつかの的確な質問の後に、一刀両断にされるのがおちだろう。

「なんだか、腰が痛くて」なんていうセリフは、〝おつかれぎみの私〟をねぎらってもらうための、ちょっと甘えて言うセリフ。的確に対応されても、気持ちの間尺に合わないのである。

イノッチは、このあたりが天才的。「え、そうなの？　大丈夫なの？　大事にしてよ」と身を乗り出してくる。その後に、「カラオケで、張り切り過ぎたんじゃないの？」と、ちょっといじるのも効果的。いじるってことは、相手に関心があることの証だから。イノッチの有働さんいじりはさらに絶妙。「夫婦はスキンシップが大事」という話題のときには、有働さんが「私は、誰にも触ってもらってないですけどね」と自虐ネタを言ったとき、イノッチがすかさず有働さんの手の甲をぺしっと叩き、有働さんが「これはスキンシップじゃなく、叩いてるんでしょうが」というツッコミを返して、絶妙のコンビネーションを見せていた。有働さん、楽しそう。きっと見ている視聴者の主婦たちもほっこりした気分になったに違いない。ＮＨＫの朝のふたり、当分、不動だな、という感じ。

さて、そのイノッチが、ジャニーズの後輩たちに教えていることがあるという。それは、あいづちの打ち方。コミュニケーションの下手な子は、あいづちの種類が一種類しかないのだそうだ。「あ、はい」「あ、はい」だけをずっと返してくるとか。あれは、話を聞いてくれている感じがしない、とイノッチは指摘した。

たしかに、「なるほどですね」「なるほどですね」だけを返してくるビジネスマンもいる。ことばは「なるほど」なのに、ちっとも話が通じている感じがしないのは、単調だったからなのか。

　イノッチは後輩くんたちに、最低でも三種類くらいのあいづちを用意して、それをうまく組み合わせて使え、と教えるそうだ。

　私も昔から、あいづちには「あいうえお」を使えと言い続けてきた。「あ〜、そうなの」「いいね、それ」「うんうん、そうなんだ」「え、そうなの⁉」「お、そうきたか」のように。あいうえおの感嘆詞をつけてみると、あいづちのバリエーションは一気に広がる。お試しあれ。

　そうそう、あいづちの順番も大事。「へぇ」「ほう」「ふ〜ん」、「へぇ」「ほう」「ふ〜ん」などと同じ順番で繰り返していくと、人をくったような感じがする。あいうえおのような数多いバリエーションでも繰り返しはなぜかばれる。

　順番をうまく入れ替えて、リズムよく人の話を聞いていると、会話が弾むだけじゃない。つかみがよくなって記憶力が上がり、相手を深く理解できたり、ものごとの真実が見つかったりする。あいづち上手は愛されるだけじゃなく、本人の脳も活性化するのである。情けは人のためならず、ならぬ、あいづちは人のためならず。人生達人の真髄かもしれない。

失敗と呼ぶな

先日、雑誌の編集者とライターさんと雑談をしていて、「最近、カメラマンやメイクアップアーティストのアシスタントが女性ばっかり」という話題になった。私も気付いていたのだが、業界全体の傾向らしい。で、プロたちが口を揃えて言うのには、「男子が打たれ弱すぎて使えない」からだという。

技能者のアシスタントたちは、素人がプロになっていく道のりなので、当然、ダメ出しや注意を日々受けることになる。技能者たちは、顧客に対して精魂込めているので、アシスタントに気を遣う暇はない。そこで、短いことばでアシスタントをつき回すことになる。当然、ここでうける本音の教育こそが、将来独り立ちするための基本のキ、輝かしい宝物なのに、若い男子たちがこれに傷ついてしまうのだそうだ（！）。な、なんだ、そりゃ、である。

実際に、この話題を共有した編集者の方は、「ぼくは、こんなに頑張ってるのに、どうして認めてくれないいんだ」と泣きながらわめき散らして現場を出て行ってしまった男子を目撃したという。まじ？

最近の若い人は……ということばは、私が使いたくないことばの筆頭なのだが、とうとう使わなければならない日が来たようだ。

最近の若い人は、失敗でないことを、失敗と呼ぶ傾向が強い。

修業というのは、「実力よりやや高い目標値を設定し、思い通りの成果が出せなかったときに、その理由を知って成長すること」である。したがって、その理由を知らせてくれる上司のダメ出しは、何よりありがたい。

つまりね、先輩にダメ出しされることは、失敗ではないのである。成長のための大事なエクササイズ。このダメ出しをいちいち失敗と呼んで落ち込んでいたら、そりゃ、たまらない。おしっこする度に落ち込んでいるようなものだもの。

さて、しかし、私は、打たれ弱い者たちを責める気はない。

彼あるいは彼女たちは、被害者だからだ。誰の？　親の、である。

「結果にコミットしすぎる親は、子どもをダメにする」と言ったのは、プロゴルファーで、ＮＨＫゴルフ教室の指導者も務めた伊藤佳子《よしこ》さん。昨今のゴルフブームで、幼児教室も人気と聞いて、「どんなお子さんが成功するの？」と尋ねたら、「子どもは、どんな子も可能性を持っている。問題は親」というのだ。

いわく、「結果に一喜一憂する親は、確実に子どもをつぶす。失敗すると子どもよりがっかりし、次の失敗を極端に怖れる親が付いていると、子どもは必ず萎縮してしまう。

成長のために大切なのは、結果じゃなくて、結果に至ったプロセスからいかに情報を得るか。特に失敗に至ったプロセスには、たくさんの学びがある。なのに、親が感情的になると、そのことに意識が集約してしまい、プロセスを獲得し損ねる」と。

脳科学的にも、それは、本当に大正解。脳にとって、失敗は、直感やセンスを育てるためのエクササイズ。失敗した数が多いほど、その失敗の取り返しがつかず胸が痛いほど、ヒトは、感性の回路が洗練され、いい脳になっていく。

親には、子どもの失敗に、「失敗しなきゃ成功はないからね、想定内、想定内」と明るくいなすくらいの度量が必要。失敗を笑い飛ばし、成功を穏やかに喜び、次の失敗に怯えない親に育てられたら、その子は、失敗にネガティブにならない。長じては、上司のダメ出しも、前向きに受け止められる。逆に言えば、失敗に怯える親に育てられたら、どうしたって、打たれ弱くなってしまう。

今の五十代は、かつて若者の頃に「マニュアル世代」と言われた世代だ。勉強もファッションも恋も仕事も、先に情報を収集して（当時は主に雑誌）、そつなくこなした世代だ。その子育て方法に、もしかすると問題があったのかもしれない。同世代としての、自戒も含め。

というわけで、打たれ弱い若者に伝えてほしい。あなたたちは、失敗でないことを失敗と呼んで怯えている。ダメ出しは、あなたの人格を否定しているわけじゃない。あなたへ未来のスキルをプレゼントしているのだということを。

さて、ではなぜ、男子が、女子より打たれ弱くなったのだろう。

実は、男性脳はそもそも生まれつき結果重視の脳なので、「結果に一喜一憂する母親」に育てられたときのダメージが女性脳より、いっそう深いのである。女性脳は、生まれつきプロセス指向型なので、「結果に一喜一憂する母親」が付いていていても被害が少ない。

その上、現代は、ネットが男性脳の客観性をつぶしてもいる。

元来、男性脳には、右脳と左脳を寸断して、それぞれを深く使う時間が自然に生じる。起きてはいるのに、目の前のことがほとんど目に入らず、ぼ――っとしている時間である。その瞬間、男性は、脳をすみずみまで使い、全体の調整をしている。この作業によって、男性脳は客観性を育み、世界観や理念をつくりだしていくのだ。

この瞑想状態に入るきっかけとして、テレビは悪くない。勝手に情報を垂れ流してくるあの装置は、男性脳にある種のトランス状態をつくりだす。我が家の夫も、テレビ誘導型の瞑想状態に入ることがあって、観てないのかなと思ってチャンネルを替えると叱られる。なのに、テレビの内容について話しかけると「へ？」と間の抜けた顔をする。観てるの観てないの⁉　と、腹を立てていたけれど、あれはしかたないのだ。

しかし、恣意的な動作によって、情報を能動的に獲得するインターネットは、トランス状態をつくれない。携帯端末を手にしている限り、男性脳は「世界観」や「理念」を構築するモードに入れないのだ。当然、社会性の低い脳になってしまう。

女性は、感じる能力が高く、プロセスから多くの知を切りだせるので、人の動きを見ているうちにそつなく動けるようになる。だから、現場で使い勝手がいい。叱られても、男性ほどには傷つかない。というわけで、「現場スタッフ」に女性が増えてしまうわけ。

でもね、立ち上がりが遅い男性脳は、「世界観」と「理念」さえ取り揃えれば、世界が見える。無骨な天才こそ超一流の階段を駆け上がっていくのだ。結果重視の子育てと、インターネットによってつぶされてしまうとしたら、あまりにも惜しい。

男の母である人は、どうか結果におおらかでいて。男の恋人である人は、四六時中、彼にメッセージを送らないことだ。速攻の返事を期待してもいけない。この国の男たちを、再び蘇らせようよ。

明日できることを、今日するな

今朝、テレビで、「夫や妻の〝青天の霹靂〟発言を教えてください」と、視聴者に呼びかけていた。

実は、先週、私は、夫の一言に、心からたまげたのである。あれこそ「青天の霹靂」。番組に投稿しようかしら、と、一瞬本気で考えた。でもま、客観的に見れば、あまりに些細なことなので、踏みとどまった。

我が家では、家事はほとんど私が回し、料理は息子が、洗濯物干しとゴミ捨ては夫がサポートしてくれる。自然に出来上がった態勢で、ここ十年ほど、裏切られたことはない。この金曜日の夜も、テレビのチャンネルをくるくる回している夫に、「洗濯物、干してくれる?」と声をかけた。私自身は、ご飯の支度と宅配野菜の片付けを同時に進行中。洗濯物の中にはワイシャツも入っているので、放ってはおけない。

そのときの夫の返事がふるっていた。「寒いから、やだ」である。

「はぁ？」と、私は、固まってしまった。「寒いから、やだ？」と聞き返すと、夫は「うん」と屈託がない。

びっくりぽんっ、である。寒いから、という理由で家事がサボれるなら、私も、いろいろ投げ出すよ。まじかい。

「じゃさ、洗濯物はどうなるの？」と聞くと、「あったかくなったら、干す」「明日になっちゃうよ」と言うと、「明日でもいいじゃん」

「ワイシャツにちりめん皺がよるよ」と踏ん張っても、「お水かければいいよ〜」

ん〜、どこまでも、のんきな発言である。我が家の夫は、私の何倍も神経質で、他のことではかなり緻密なのに、この夜の洗濯物に対しては、なぜか超おおらかなこの発言。まさに青天の霹靂、である。

何にびっくりしたかって、神経質な夫のおおらか発言はもとより、「寒かったら、家事はさぼってもいいんだ〜」という発見である。

主婦にとっては、寒かろうが暑かろうが関係ない。目の前にあるものをどんどん片付けていかないと、家庭は崩壊する（と思い込んでいる）からだ。

しかし、夫ののんきな「明日でもいいじゃん」を聞いていたら、たしかに、明日でもいいような気がしてきた。私はもしかすると、家事に対して少々強迫観念があって、無駄にキリキリしていたのかも、とふと思ったりして。

そういえば、十七年ほど前、小学生だった息子にも似たようなことを言われたことがあった。

その頃、親子して、並んでこたつに腰をつっこみ、共に本や漫画を読むのが、私たちのお気に入りだった。いったん、この態勢に入ると、温かくて幸せで、なかなかこたつから出られない。私たちは、こういう事態を「こたつ亀」と呼んでいた。「こたつ亀になっちゃった～。亀は甲羅から出られない～」というふうに使う（微笑）。

日曜日の夕刻、私たちは双頭の「こたつ亀」に変身してしまった。買い物にも行かなきゃならないのに、時間は刻々と過ぎていく。「今日こそは買い物に行かないと、葉物野菜がないの」と、何度目かの決心をしようとしていたときだ。息子がこう言ったのだ。「ママ、野菜なら、大丈夫。明日の給食で、お替わりしとくから」

考えてみれば、息子と二人、こたつ亀になれる日もそう長くはないはず。確かに、一日くらい葉物野菜がなくたっていいような気がしてきた。

働くお母さんで、「忙しい」「時間がない」が口癖。思いついたタスクはその場でやらなければ気が済まず、かなり追い詰められた日々だった。息子のことばは、私の肩の力を上手に抜いてくれて、二人の時間を満喫できたのだった。十七年経った今でも、ありありと思いだすくらいに。

この日は、こたつ亀になった私たちにあきれ果てた夫が、結局、葉物野菜を買ってきてくれ、事なきを得た。

そうか、あの日、寒い風の中に出て、家族を救ってくれたのは、この夫だった。ならば、今回の「寒いから、やだ」で、借りを返しておこうかな。というわけで、夫が見捨てた洗濯物は私が干した。夫は、空《から》になった洗濯機を見て、「あら?」と言っただけだったけど、まぁ、ゆるしてあげる。

イタリアのことわざに、「明日できることは、今日するな」というのがあるという。ドイツには「今日できることは、明日に回すな」ということわざがあるのに、と、イタリア語教師のパオロ先生が笑っていたっけ。

家の中がギスギスしないためには、どうも、たまにはイタリア式を採用したほうがいいらしい。

第二部

恋の情景

思いの科学

星の降る夜の散歩は楽しい。なので、つい、散歩のお供に言わずもがなの質問をしてしまう。

「あなたも楽しい?」

真夜中に手をつないでそぞろ歩きしている相手からこう聞かれて、大人の男にYES以外の答えようがあるわけがない。知ってはいても聞いてしまうのが私の弱点だ。

けれどその晩、彼の答えはちょっと違っていて素敵だった。

「うん、楽しいよ。そして嬉しい」

『楽しい』と『嬉しい』は、意味的にはよく似ている。旺文社の国語総合新辞典によれば、『楽しい』は「喜びに満ちて心が明るく浮き浮きするさま」、『嬉しい』は「喜ばしい、楽しい」とある。ほとんど違いがない。

けれど、この二つのことばを、私たちは日常、微妙に区別して使っている。恋人に逢えたのは嬉しくて、友人と会うのは楽しい。願いが叶うのは嬉しくて、夢を実現させるのは楽しい。私が自然に使うこれらの組み合せが、あなたにもきっとしっくりくるはずだ。

とはいうものの、どうやって区別しているの？　と改めて聞かれると、説明するのは意外に難しい。

実は、この二つのことば、ウレシイとタノシイは、まったく違う表情を持ったことばだ。発音体感を繙《ひもと》いてみると、私たちの使い分けの理由が見えてくる。

発音の体感、すなわち、音韻を発音するときの筋肉の動きは、無意識の領域である小脳を経由して、右脳にイメージを創り上げる。左脳が牛耳る意味処理とは全く別の経路で。つまり、私たちの脳は、ことばの意味を解釈するその陰で、潜在意識の中に、音韻の情緒的イメージを確立しているのである。いわゆる語感である。

その発音体感にのっとって、二つのことばを比較してみよう。

ウレシイは、口腔に、内向する力を創り出す母音ウで始まることば。ウを発音するとき、私たちは、舌にくぼみをつくるようにして奥へ引く。このため、ウには、受け止めるイメージ、あるいは内向するイメージがある。

さらに、先頭音に使われるウには、発音の口腔形を作ってから、実際に音が発生するまでに時間がかかるという特徴がある。このため、先頭にウが来ることばには、「長く抱く、内向して熟成させる」イメージがある。すなわち、先頭のウには、〝思いの時間〟があるのである。

だから、ウレシイもウラメシイも、「ずっと思っていたこと」に由来した気持ちの表明によく似合う。妻が夫をウチノヒトと呼ぶようになるまでにいくばくかの時間が必要なのも、ウの時間パワーのせいだ。

二音目のレは、舌を広くして、ひらりと翻す。まるで宝塚のレビューのように、何かを華やかにお披露目するイメージだ。

続くシは、光と風を感じさせる。舌の上を滑り出た息が、前歯の裏側で擦られて、放射線状に広がるから。最後のイは、舌に前向きの強い力を加えて、前向きの意志を感じさせる母音。語尾に使うと、「差し出す感じ」「押し出す感じ」を添える。

こうして、ウレシイの発音体感は、「私の心にずっと抱いていたものを誇らしげに披露する」というイメージを創りだす。ウレシイと言われた側も、その発音体感を無意識のうちに想起して、その語感に照らされる。だから、「あなたとの時間が嬉しい」というのは、この上ない愛のことばなのである。

さぁ、一方の、タノシイのほう。

先頭音のタは、舌に息を孕《はら》んで、一気に弾き出す音だ。音の発生直前、舌が息を孕んで膨らむので、充実感がある。たっぷり、たんまり、たらふく、たらり……その充填されて膨らんだ印象は、発音時の舌が感じていることに他ならない。

発音の瞬間には、舌の上の唾をすべてはがすようにして、息が弾き出される。このため、唾が派手に飛ぶ。これが、賑やかさやいきいきとした生命力を醸し出す。

こうして、タ行の音は、発音直前の膨らむ舌が感じる充実感、充満感、確かさ、ぎりぎりまで耐える粘りと、発音直後の飛び散る唾によって生じる賑やかさや生命力という二重のイメージを持っているのである。

したがって、タノシイは、先頭音のタが、充実した賑やかな時間を表現している。包み込むようなノスタルジーのノによって、それを思い出に変え、続くシイで光の中に押し出す。

このため、面白いことに、タノシイと言ったそばから、目の前の現実も思い出に変わっていくのである。

あるいは、人は、現在進行中の楽しい出来事を記憶に留めようとして、あえてこのことばを口にするのかもしれない。

私の母は、孫と過ごす時間に、何度もタノシイを口にする。私には、母のタノシイが、カメラのシャッター音のように聴こえてきて、胸がいっぱいになることがある。その音韻が切り取ったのは、孫と会えない時間に何度も取り出して味わう記憶なのだから。

ちなみに、母が孫に久しぶりに会った瞬間、口にするのは「嬉しい」。ずっとずっと会いたかった、という思いが溢れるのだろう。

娘としては、この母のウレシイとタノシイの組み合せが何より好き。永遠に聞いていたい、と、願うように思う。

今この瞬間の充実した気持ち。それを記憶に留めるのが、タノシイ。

今までずっと抱いてきた気持ち。それを溢れさせるのが、ウレシイ。

ウレシイとタノシイは、語感で繙くと、こんなにも違う。辞書の書きぶりがどんなに足りないか、わかっていただけるだろうか。

でもね、辞書に書き分けていなくても、私たちは、ちゃんと使い分けている。

「楽しかったわ」

デートの終盤、オトナの女性がこれを口にしたら、ほぼ九割は「さぁ、帰りましょう」の合図である。「充実した時間だった。いい思い出になったよね」というご挨拶。もちろん相手を嫌っているわけじゃないけれど、離れがたさよりも、電車の時間や家族の心配が気になっている。

ただし、気をつけて。あまりにも離れがたい思いが強すぎて、勢いのあるタノシイで、なんとか踏ん切りをつけようとする場合もある。

トテモ、タノシカッタ、マタ、アッテネ。あまりにも離れがたくて、ここまで舌の破裂音を重ねないと、とても帰れない……そんな思いを幾度か重ねた後、やがて素直に「あなたに逢えて、嬉しい」と甘いため息をつく晩がやってくるのだろう。その果ての「あなたと過ごした時間は楽しかったわ、ありがとう」と別れゆくその日まで、男と女の時間は、ウレシイとタノシイの綾織りなのに違いない。

ウレシイとタノシイ。

辞書上に記載された意味では大きく違わないこの二つのことばを、人は鮮やかに使い分ける。そこには、見えないけれど確固たる法則がある。街角で、ふとこのことばを耳にしたりすると、私は、情緒研究の原点に戻るような気がして、身が引き締まる思いがする。

さて、縁というのは不思議なもので、星降る夜の散歩の相手は、空間の研究をしている数学者なのである。ヒトのさまざまな知の行為から論理モデルを切り出し、もの（実体）と思い（認識）の空間関係性を解いている。

私の思考のスタンスは時間関係性の対話文脈であって、意味空間には乗らない（と少なくとも今のところは見える）情緒を扱っている。

つまり私たちは、認識の二つの軸、空間と時間を分け合って解いているのだ。私たちは、とっても違うのだけど、何か同じものを二つに割った片方ずつのような思いを持っていた。やがて、空間と時間の感性を持ち寄って新しい概念世界を創生していくことになるのかもしれないが、今は彼と感性の話をする勇気はない。意味空間にざっくりと目盛を切り出すような男性脳に、女性脳の途切れない情緒の話をするのは大変なことなのだ。そもそも、あらゆる感性が対照にある関係なので、直感的に理解しあうのが難しい。会えば一度は私が不用意に傷ついて殻にこもり、彼が途方に暮れる。彼が美しい男じゃなかったら、とっくに投げ出していたはずだ。

それにしても、タノシイとウレシイの対照性を情緒的空間論議の原初として温めている私に、「楽しい?」と聞かれて「楽しい、そして嬉しい」と応えた空間の研究者というのは、なんとも不思議な構図だ。

かくして、散歩の相手が星の降る夜に囁いたささやかな一言は、受け取った私の胸に抱かれて、いつまでも慰撫されることになる。彼の思いの深さとして。私自身の思いの深さとして。

それにしても、彼はなぜわざわざ「嬉しい」を追加してくれたのだろう。私のことがずっと好きだったから？　聞けばたぶん「あなたがよく使うことばだったから真似してみただけ」と素っ気なく応えるに違いない。

幸福な質問

日本古来の色を表す言葉は、たおやかで美しい。あさぎ色、とき色、ひわ色、あかね色。何百とあるその中に、かめのぞき、という色がある。どんな色だと思いますか？

あるひとにそう質問したら、「薄いグレー、だろうか」と答えた。

彼の答は正解ではなかったが、私は思うところあって、なぜ？　と聞いてみた。彼曰く、「のぞき、というくらいだから、光の織りなす色彩だと思った。だから、影の色を選んだんだ」そうだ。私はこの答を聞いて、しみじみと幸福になった。

私は好きなひとに質問をするのが好きだ。男たちが答を導き出す姿がまずは好き。刹那、視線が宙に浮く。それから少年のような、いたずらっぽい目になる。ぼんやりとしたイメージに、すっと知の輪郭を描き出す瞬間だ。そして、答。それらは、ときに私を驚かせ、ときにしみじみさせ、温かく清らかな思いで私の全身を満たしてくれる。だから、私はこのひとが好きなのだ、そう確認する瞬間……。

さて、かめのぞきの正解は、藍の淡い色合。水色よりは少し濁ったイメージ、英名ならターコイズ・ブルー（トルコ石の色）だろう。染色に使う藍の瓶を洗って干した後、内側の壁肌を光に翳《かざ》して見た色、なのだそうだ。だから「瓶覗き」。

すなわち、先の質問で私を幸福にしたのは、「光の織りなす色彩」だと推理した彼の知性だ。のぞき、というたった三拍のことばで、私は芳醇な知性に触れることができる。その答の中に、彼の知の手法が輪郭を表して消えるのだ。私は、彼を心から敬愛することになる。ことばというのはなんて幸福な道具なのだろう。

だから私はあなたが好き、そう言いかけて、私はふと気付いた。私たちは互いに「好き」ということばをよく使うけれど、「愛している」ということばを使ったことがない。こんなに好きなのになぜだろう。だからその晩、私の九歳の息子に質問をしてみた。「あなたは寝る前に『ママが好き、愛してるよ』って必ず両方言ってくれるでしょ?　スキとアイシテルは、どう違うの?」

さりげなく振ったその質問は、けれど、その日二つめの幸福な質問になった。

「スキは、好きでたまらない気持ち。アイシテルはね、ママにこれから多少何かが起こっても、ずっと好きでいるというお約束」というのが、息子の答だった。「多少の何かっていうのはね、たとえばおばあさんになってしわしわになっても、ってことだよ。だから、百三十歳まで生きてね」

　スキとアイシテル。九歳の脳には、既にその区別がついている。学校で習ったとは思えないのに。

「好き（だ）」は状態を表すことばである。今現在、目の前で起こっている状態の描写であって、時系列の前後の状態は含まない。直前まで好きじゃなかったかもしれないし、明日は好きじゃないかもしれない。

「愛してる」は行為を表すことばだ。その原型「愛する」には、サ行変格活用動詞特有の能動的な意志が含まれている。さらに「愛する」を辞書で引くと「好きで、いつもそれに親しむ」（三省堂、新明解国語辞典）とあるように、時間軸の幅を含んでいる。すなわち、あなたを愛する、と宣言したなら、明日も好きでいるという約束だ。

　まっすぐに育った男なら、齢《よわい》九歳にしてそのことばの重さを知っている。それにしても、相手がしわくちゃの百三十歳になってても好きでいようなんて、健気《けなげ》な決心もあったものだ。母親として感動はするけれど、もしも明日、クソババァとなじられても驚かない。自分も歩いてきた道だからね、そう息子に言ったら、息子はこう応えた。

「たとえば、十七歳くらいで僕がママに死んじゃえばいいのに、って言ったとするでしょう？　でも死んじゃ駄目だよ。人は一回ぐらいは、本心じゃないことを言うものだからね」

スキとアイシテルを、語感でも見てみよう。

スキは、爽やかな風が口腔を吹き抜けるスに、相手にまっすぐ飛び込んでいく喉の破裂音キの組み合せ。どちらもスピード感と清潔感、潔さの音である。スキは、だから、相手に対する清々しくまっすぐな思いをそのまま体現したような音並びといえる。そこには、何の逡巡もなく、何の企みもない。自己憐憫も、自己陶酔も、保身もない。あるのは、ただまっすぐな思い。見返りを要求しない、まっすぐな好意である。

この、何のためらいもないスキに対し、アイには、時間のためがある。先頭音アは、口腔を高く上げるので、口腔形を作るのにスよりずっと時間がかかる。さらに、口腔形を作ってから音が発生するまでにも時間がかかっているのだ。だから、意識にも時間幅が生じるのである。

口腔を高く上げて、喉の奥までさらけ出すア、相手に向かって、強い前向きの力が働くイ。アイは、「自分のすべてをあなたに」という意識をつくり出す母音並びであり、その意識には時間幅がある。だから、「ずっとのお約束」なのだろう。

かつて、私の大好きなひとに「私のこと、好き?」と質問すると、「う〜ん」と唸ったきり、なかなか答えてくれなかった。清潔で邪気のないスキを、なぜか素直には言えない。その彼の逡巡に、官能の匂いを感じて、私は胸を熱くしたものだった。

今の彼は、この質問に、気軽に即答してくれる。「私のこと、好き?」「うん、好きだよ」

先日、その打ち返すような即答ぶりにすっかり白けて、「もう少し重々しく言えないの?」と絡むと、「昔は、なぜ即答できないの? と絡んでいたよなぁ」と、さらに打ち返されてしまった。今度は私が「う〜ん」と唸る番である。

ちなみに、息子に「ママのこと、好き?」と聞けば、「うん、好きだよ。愛してる」と、スキとアイシテルのダブルで答えてくれる。今の気持ちを聞かれて、将来の気持ちまで約束してくれるのだ。

これこそが究極の正解だろう、とは思うのだけど、この正解を私の大好きなひとに言われてもまた微妙。そんなにあなたの「愛」は軽いの? と絡みたくなる気がする。結局のところ、男と女の間には、ことばが足りないくらいがちょうどいいのに違いない。

ところで、私には、大好きなひとに絶対にしない二つの質問がある。「昨日は何をしていたの?」「明日はどうするの?」

理由は、どんな答が返ってきても悲しいからだ。私が所有できない彼の時間を埋めるのは悲しい。逢っている時間だけを上手に繋げて、いつでも機嫌の良い女でいられたらどんなにいいかしら、と願うように思う。願う、ということは、なかなか実現できないということだけど。

刹那の奇跡

「刹那、というのは〇・七秒なのだよ」

　スコッチのグラスを傾けながらそう囁いたのは、例によって認識論を得意とする、私の科学者だった。バーの暗がりにいかにも似合うその話題は、隣で誰かが聞いていたら粋な口説《くど》き文句だと思っただろう。けれど彼は、もちろん口説くつもりで言ったのではない。

「なんて絶妙なの。一秒でもない、一瞬でもない、そういう尺だもの。刹那は」

「そう、まさに絶妙だ。あなたなら、そう言うと思った」

　文章にしてしまえばスマートな一往復の会話だが、これを発話するまでに、私は驚きのあまりしばし絶句したのだ。刹那より少し長かったと思う。

　私は、かねてより、刹那を〇・六秒前後だと勝手に決めていた。刹那は、「認識にかかる時間」の最小単位に違いないと解釈し、工場の生産ラインの設計では、作業員が流れてくる部品を認知するのにかかる時間が〇・六秒とされているからだ。それがだ。

事実上の平均時間らしい。

私が驚いたのは、その私の予想上の時間幅を、ほぼそのまま、彼が言い当てたからだ。

ヒトは目の前のものを認識しながら生きている。初夏の宵に浮かぶ白絹のリボンのような物体に「刹那」心奪われて、やがてハナミズキだと認識する。ぼんやりしたかたちや匂いや雰囲気が、認識されてことばになるそのわずかな隙間が刹那だ。

けれど、認識の隙間には幅がある。暗闇のハナミズキを認識するには〇・七秒かかりそうだが、茶碗だの恋人の寝癖のついた後頭部だの、日常目にするものを認識するのに要する時間はもっと一瞬だ。「刹那」の物理的な解釈にも諸説あって、最も短い説では七十五分の一秒だという。

ちなみに「刹那」は仏教用語で、梵語のkṣaṇaに由来する。時間の最小単位で、一つの意識の起こる時間をいう、と三省堂の大辞林にはあった。「認識にかかる時間」という私の勝手な解釈は、そう悪くなかったことになる。

私はこの、認識が確立するまでの微小時間が大好きだ。ヒトの意識が一瞬宙に浮き、なんとも無防備な表情になる。というわけで、彼の刹那の表情が見たくて、認識に時間のかかる命題をついつい掲げてしまうのだ（なぁんて書くと知的な質問みたいだけど、私の場合「私の声が好き？」とかの単なる唐突な発言に過ぎない。そのほうが、彼は、ハトが豆鉄砲を食らったような顔になるからね）。

それは彼も同じらしい。冒頭の「刹那は〇・七秒」の発言も、その後にたっぷり三秒は続いた私の沈黙を、彼はとても楽しんでいた。

私たちの会話は沈黙がベースで、思いついたように相手の〝刹那〟を誘う発言があり、しばらくその解釈を話し合う。私たちは互いの無防備な刹那を尊重して慰撫しあい、けっして傷つけることはないし、邪魔したり無視したりしない。唯一その信頼感で結ばれている。何の約束も愛ということばもないけれど、不思議なことに、この信頼感は絶対で、永遠なのである。

何度も言うようだけれど、ヒトの脳は、認識中の刹那にとても無防備になる。認識し終えた瞬間、それがいのちを脅かす敵であれ、いのちを与える恵みであれ、すぐに何らかのアクションを起こさなくてはならないかもしれないので、生理的にニュートラルな状態になるからだ。そういう意味で、外部環境を認識するという行為はマニュアル車の運転に似ている。刹那というニュートラル状態を介して、さまざまな意識をつないでいくのである。

だから、もしもヒトの心を操ろうと思ったら、このニュートラル状態のときを狙えばいいわけだ。認識時間を引き伸ばすような演出をし、その刹那に入り込んでかき回す。いくつもの卑怯な団体がそうやって「信者」を囲い込んだり、粗悪品を売りつけたりしている。

あるいは相手にニュートラル時間を与えない、という愚策がある。母親が、子どもの穏やかな認識を待てずに追いつめる。女たちが、恋人の認識を信用できずに一言多いことばを重ねる。彼女たちの愛するものたちは、やがて、息が詰まって逃げ出すに違いない。刹那を許容されない関係は何よりも辛いものなのだから。

さて、このようにデリケートな「刹那」だから、無駄に引き伸ばされるとヒトは不安になる。暗闇に蠢《うごめ》くものが、〇・七秒経っても何者か認識できないと、ヒトは不安を感じ、ほどなく恐怖感に襲われる。たとえばヒッチコックの映画は、音楽やカメラワークで「認識しきれていない何かがある」ことを延々と暗示し続けて、観る者を深い恐怖に陥れるのだ。

実は、同じような効果を持つことばがある。「悪魔」や「魑魅魍魎《ちみもうりょう》」がそうなのである。これらは字面もなんとも不快なのだが、ことばの音が刹那を引き伸ばし、使うそばから人を不安にさせている。

アの発音体感は、からだの動きを一瞬止めさせる。たとえば、何かに驚いたとき、私たちは「あっ」と声を上げる。このとき、からだの動きが一瞬止まるわけだが、これは口腔を高く上げたことによって、背筋がすっと伸びるから。驚いたときに、動物が背筋を伸ばして止まるのは、追いかけるにしろ逃げるにしろ、次の動作に素早く移れるからだ。

つまり、何かに驚いたとき、次の動作に移れる姿勢を作るために、私たちは本能的に「あっ」と声を上げるのである。私たちの脳は、その発音体感が、からだの動きを止める効果があることを知っている。しかも、筋肉を萎縮させない、伸びやかな停止であって、次の動作を作り出すには最高のコンディションであることもわかっているのだ。

クの発音体感も、からだの動きを一瞬止めさせる。喉の破裂音Kを、内向きの力を作りだす母音uが一瞬止めてしまうからだ。クの作りだす停止は、からだをくの字に折るような、力強く硬い停止である。

M音は、鼻腔に響かせた音を、さらに口腔に響かせることで作られる。くぐもった、長い振動が頭蓋に起こる。このため、口腔を発音のかたちにした後、発音のピークまでの時間が長いのがM音の特徴なのだが、特に大きな空間に音を響かせるマとモは、いっそう長い時間を要してしまうのである。

伸びやかな停止のア、力強い停止のクに、長い溜めの時間を持つマ。これだけ引き伸ばしておいて、息を発散させるのは、わずかに語尾の母音のみである。溜めに対して、発散がはるかに足りないので、発音する者の胸に、「まだ何かある」という不安を掻きたてるのがアクマの語感なのである。ひいては、「得体が知れない」というイメージを創り出す。

チミモウリョウは、弾けるような生命力を感じさせるチの後に、長い溜めの時間を持つミ、モが続き、重く引きずるリョウへと引き継がれる。生命力のある何かが、長いからだで蠢くような、そんな不快な現象が口腔内で起こるのである。アクマ同様、こちらも刹那が引き伸ばされて、「まだ何かある」「得体が知れない」という不安を煽る。

アクマとチミモウリョウ。どちらもストップウォッチで実時間を測れば、たいして長い時間を要することばではない。なのに、語感の溜めは、認識の刹那に忍びこみ、私たちを翻弄するのである。

認識の刹那、私たちの内側に起こることは意外に大事なのであって、深い意味がある。特にことばの語感は、認識を大きく牛耳っている。

ところで、認識の刹那を永遠に引き伸ばすのが芸術なのだ、と言った音楽家がいた。彼は、弦楽器のソリストで、正確には「刹那を永遠に引き伸ばすのがクラシックの器楽曲なのだ。考えてみれば、すべての芸術がそうなのだと思う」と表現した。

確かに彼の言うとおり、たとえば秀逸なシンフォニーは、最初の指揮棒が振られた瞬間から最後の音が消えるまで、ことばになりそうでことばにならないイメージが次から次へとうねるように現れる。弦の無伴奏曲に至っては、蝶の羽ばたきのように高揚し、水のように流れ、森のように沈静化するといった非常に原初的な認識の旅に連れて行かれることになる。

そして、どのようなことばも、演奏が終わってから現れるのだ。まさにクラシック音楽は、〇・七秒とも七十五分の一秒ともいわれる刹那を何十分にも引き伸ばす奇跡といえる。刹那を楽しむのが大好きな私も私の好きなひとも、刹那の奇跡、クラシック音楽が大好きである。

穏やかな予感

露地物の茗荷《みょうが》が出てきたので、味噌汁にしていただく。私の小さな夏の始まりだ。そんなささやかな営みが、今年はとても嬉しかった。私の愛するひとが、茗荷の味噌汁をとても楽しんだからだ。

茗荷、谷中生姜、青紫蘇、野蒜《のびる》、ふきのとう。田舎家の露地で放っておいても伸びるそれらの野菜は、土地のちからをくれるものたちだ。それぞれの芳しい香りの前に、土臭さが立ち上る。

露地野菜の香りを楽しめる男は、最近は意外に少ない。食べ物のいのちを、いのちのかたちのままにいただく、という才覚のある男にしかその芸当は出来ないからだ。女が普通にするこの食べ方を、男がなかなか出来ないのはなぜだろう。

彼は、この野菜のちからを飄々と楽しんだ。香りを語り歯触りを確かめて、悠々と喜んだのである。私は久しぶりに教養ということばを思い出した。と同時に、この静かな美貌の男の中にある野趣を思った。青臭い土のちからに負けない男。胸が痛くなるほどセクシーだ。

その彼の中の野趣は、私をゆっくりと飼い慣らしている。私の中の荒ぶる生は制動されて、静かに腰を下ろそうとしている。私は茗荷の味噌汁をいただきながら、この春、ある願い事をしなかったことに思い至った。

私の、自分自身に関する願いは、ここ二十年ほど一つしかない。逝くときは、ぜひとも春爛漫の黄昏どき、うっかりまどろんでしまったままがいい。花散らす春の風がふと凪《な》いだその瞬間、心臓が次の鼓動を打とうとしてしばし迷い、挙句あきらめてしまったような穏やかな死。毎年、桜から花水木へと移ろう春の風景の中で、幾度となく切に願う、唯一の願い事だった。

死に憧れる気持ちは、手に余る生の勢いのせいだろう。

だけど今年、茗荷を楽しむ男が、土の香りを愛《め》でるように私の中の有り余る生を受け入れた。続いて、茗荷の歯触りを楽しむように、さくっと私の何かに歯を当てたのだ。私の中でのた打ち回っていた何かが、ゆっくりと足許に侍るのがわかった。こうして、四十を過ぎるようになってやっと、私の思いが私自身の身体に収まった。気がつけば肉体のほうも、ずいぶんと余裕のある、ゆったりした中年になっていた。

今、私は鏡に映る自分の姿に心からほっとする。どう見ても立派に中年の女だからだ（立派な、ではない）。生涯口にすまいと誓った秘密をひとつ隠し持っているような、そんな暗い瞳と、それを希釈する陽気な目尻の皺を持っている。唇がふくよかなのは二十歳の頃から唯一変わらない点だ。若い頃は明らかに余剰だった唇の存在感を、今は気持ちが許容している。そうしてこの春は、鏡を見るたびに安寧な気持ちになり、とうとう一度も黄昏どきの死を願うこともなく過ごしてしまった。

代わりに、私は夢を見た。

四月のある夕暮れのことで、色も形もない夢だった。それは、ぬくぬくとした羊水のイメージ。近くに幸せな羊水が存在する……ことばにするとそんなインスピレーションだ。目が覚めたとき、私は、私の大切な誰かが妊娠したのだと確信した。誰かしら、と私は考えて、まぁそのうちわかるでしょう、と穏やかな予感を胸に抱いたままにした。

私は特に霊感が強いわけではないのだけれど、この羊水のイメージだけは外したことがない。案の定、穏やかな予感を抱いて二週間目、私は、私と同い年の友人が身ごもったことを知った。

彼女は今、飴玉をゆっくりと口の中で転がすように妊娠の初期状態を「確かめて」いる。口の中に放り込んだ飴玉が、最初はごつごつした違和感をもたらすように、胎児も母親の自我にとっては異物なのである。自分ではない、何か。だけど決して邪悪ではない、強い光のような意志だ。最初はその一途な光に戸惑い、やがて照らされてゆっくりと幸福感が満ちてくる。妊婦というのはそういう生き物だ。そんな最初の戸惑い、砂糖でざらつく飴玉の表面のような違和感を、彼女は穏やかに受け入れている。ころり、と右頬から左頬に移しながら、そのはばったい感じを楽しんでいる。十年前、荒ぶる生を抱えたまま妊婦になった私が悪阻《つわり》でうんざりしていた時期だ。おとなになってから身ごもるというのは素敵なことだと思う。

そんなことを考えていたら、傍《かたわ》らで、ころり、と彼女がまた飴玉を転がした。

「妊娠を外からの情報で得る前に、女は身体の内側からわかるのね。身体の内側から情報が来る、身体の内側から納得がやってくる、というのは初めての体験だった」

私は彼女の足許に溜まっている、行く春の陽射しを見ていた。そして突然、私自身がこの飴玉をもう口にすることはないだろう、と唐突に思い至った。なぜか、幸福な確信だった。私の中で、確実に一つの季節が終わったのだ。

行く春を　近江の人と　をしみける（松尾芭蕉）

この句に最初に出逢ったとき、私には違和感があった。行く春を惜しむという感性がよくわからなかったからだ。行く春は、夏の予感が満ちてくる季節でもある。葉桜になれば、夏咲きのバラが露地を飾る。祭囃子が聞こえれば、今年流行の浴衣の柄が気になり、誰と夜店を回るのかを思う。先へ先へと思いが急《せ》く季節なのだった。行く春を、惜しんだことが私にはなかったのである。

身ごもることも同じだ。先へ先へと思いが急ぐ。胎児の行く末を思えば、ゆうに二十年分の想像が出来る。いくらだって先へ行けるのだから、行く春を惜しむような感性は、ここには入る余地がない。

その、行く春が、今年私には見えたのである。人生の豊かな時間が、やはり始まったのだ。

さて、この句には逸話がある。芭蕉は、弟子の去来との問答の中で、「なぜ近江なのか、なぜ丹波では駄目なのか」という命題を挙げている。去来は、この句は、行く春と近江の組み合せでなければ成立しないと断言し、師匠をいたく感動させている。去来は、琵琶湖の朦朧とした春霞の風景をもって、その発言の担保としたが、「行く春」が見えた私には、別の感慨がある。

タンバでは、生命力がありすぎるのだ。

舌にたっぷりと息を孕んで、勢い良く弾き出す夕。続くンで、喉の奥をぐっと絞めてさらなる弾みをつけた後、唇の破裂音バで、エネルギーを四方八方に発散させる。生まれいずるいのちの未来を祝す呪文であるかのように、タンバには、生命エネルギーが満ち溢れているのである。

このため、タンバの語感は、行く春を惜しむ心ではなくて、来る夏に逸る気持ちにこそふさわしい。一方、オウミは、穏やかな停滞を髣髴とさせる語感で、包み込むような優しさを呈している。

オウミ……生命エネルギーの穏やかな停滞。それを予感したからこそ、私にも「行く春」が見えたのに違いない。

それにしても、行く春を、芭蕉は人生のいつのときから見つめていたのだろうか。

少年たちの夏

ふぅっと息を吐くと、結露してしまいそうな湿度の高い梅雨の宵だった。何もかもがしっとりと濡れたように動かない。こんな日は、と出掛ける私に息子がささやく。まるで重大な秘密を打ち明けるかのように。

「怪人二十面相が出るよ」

お使いに出た私は、なぜか通い慣れた道を一本間違えて、袋小路に迷い込んでしまった。その行き止まりの塀の上に黒いマントが翻ったような気がして目を凝らすと、幻のような花が咲いていた。甘い匂いがしたたり落ちる、くちなしの花だった。

日常の何でもない情景が、映画のワンシーンのように脳裏に焼きつくことがある。かいじんにじゅうめんそう。息子のことばが魔法の呪文になって、私は数十秒のミステリーツアーに出たのだった。

『怪人二十面相』は、ご存知、江戸川乱歩の少年小説である。十歳になる息子が本の音読をねだることも稀になってしまったが、これだけは字面がレトロで読み難《にく》いのか、律儀に私の膝元に持ってくる。彼は母の膝枕を堪能しながら、小林少年が怪人の罠をやぶる瞬間を待つのだ。

乱歩の描く東京は、まだ暗いロマンスに満ちている。貧富の差が激しく、男女は違う言語を操り、おとなと子どもは異なる論理を持っていて、夜と昼は別世界になる。二十面相はこの対比の間を自在に行き来する謎の怪人で、小林少年もまたこの対比の間を自由に行き来して二十面相に対抗する天才少年なのだ。

このプロットは二十一世紀の少年には無理かもしれないと思ったが、息子は乱歩の荒唐無稽を充分に楽しんでいる。頬を紅潮させて先を聞きたがる。

一方私は、膝の重さで少年脳を感じながら、一時期とはいえ少年を所有したことの悦楽に浸る。彼はいつも、少女だった私には想像もつかないものを見ていて、私にはそれが面白くてしかたがないのだ。

息子は、夕暮れの雑居ビルの谷間に怪人二十面相を見る。ビルの狭間に仲間と集って隠れ家を作り、黄昏時の路地を冒険して歩く。街裏に縁台を持ち出して夕涼みしている老人が、実は怪人二十面相ではないかと胸躍らせながら。

やがて、日が暮れると、彼らは宇宙について語りながら帰ってくる。いつか自分たちが宇宙に旅立つときに、母親が付いて来てくれるかどうか心配しながら。

私は、はちみつ色の頬の少年たちが、空想で頭がはちきれそうになっているのを見ると胸がいっぱいになる。なぜなら、少年たちの好奇心は、自我以外のものに放射されているからだ。思春期に入る直前の少年たちの無垢は、比類がなく透明だ。対して、少女たちの関心は自分に集中している。少年たちが宇宙に旅立つ夢を見る頃、少女たちは自分を迎えに来る王子様を夢見ている。少年たちが地球の未来を案じるとき、少女たちは自分の将来に怯える。

少年と少女は驚くほど違う。この違いは、脳の形状の違いに起因する。男性の脳梁（右脳と左脳をつなぐ部分）は、女性のそれに較べて細い。脳梁が細いということは、右脳と左脳の連携が悪い脳ということになる。右左の違いが顕著なので視野に奥行きが生じ、確かな遠近感が生まれる。赤ちゃんの頃から、近くより遠くが気になり、自分の気持ち（右脳の演算）が、顕在意識（左脳の演算）につながりにくいのが、男性脳の特徴だ。

したがって、彼らの基本的な認識の傾向は他者認識にある。より遠くへ好奇心が向かい、調子が良ければ夕暮れの空を突き抜けて、宇宙にまで届いてしまうのだ。

さて、どこまでも広がる少年たちの好奇心が、どうにも乗り越えられない「際《きわ》」に出逢うときがある。彼らがおとなになるときだ。

それを描いた秀作がある。湯本香樹実《かずみ》さんの『夏の庭―The Friends』という小説だ。小学六年生の男の子たちの一夏を描いた秀作である。

この話、夏の初めに仲間の一人、山下君のおばあちゃんが死んだところから始まる。死ぬってどういうことだろう、と興味津々考えはじめた三人の少年たちは、実際に生きている人間が死体に変わる瞬間を見てみるしかない、と決心。近所の、生ける屍のような一人暮らしの老人の観察を始めるのだ。ところがその死にかけていたはずの老人が……と、ここからは実際に読んでのお楽しみにしておこう。

読書の邪魔にならない程度に結論を言うと、少年たちは彼らの夏の終わりに一つの死体に出逢って、死の意味を知ることになる。死はけっして失われない永遠の真実と共にあるということ。死を恐れることはない。自らのそれも、親しいひとのそれも。彼らは、夏の初めには確かに子どもだったのに、内なる真実を見つめる青年になって、この夏を後にする。

この話を読んだとき、私は、少年たちの見ている世界が少女だった私の見ている世界とは違っていたことを知ったのだった。

少女の好奇心は、自分に向かう求心的な力だ。だから、それが負に働くときも自分に向かうことになる。すなわち自分を憎む。拒食や過食は、多くは少女に起こる事件だ。

対して少年の好奇心は、外へ向かう。一躍、死や宇宙の果てのような現世界の際に好奇心が集中する。そして、それが負に働くとき、少年は社会を憎むことになる。

すなわち、少女の情緒の源は主観にあり、少年の情緒の源は客観にあることになる。私は情緒を工学として扱う研究者として、このことに注目せざるを得ない。と同時に一人の親として、このことを軽視するわけにはいかない。少女がおとなになる術《すべ》と、少年がおとなになる術は、まったく違うオペレーションになるわけだから。

普通の少年は、きっと何らかの際に出逢う。大切なひとの死、遂げられない思い、越えられない国境や宇宙の摂理。そのとき、外に向かっていた好奇心が方向を変えて自らの内部に深く浸透し始め、少年はとびきりのおとなになるのだ。客観から主観へ。主観で始まり、客観に目覚め始める少女とは逆のオペレーションだ。

少年は「あなたはどう思う?」という質問に答えられるようになって、初めておとなになる。少女は、「私はこう思う」を呑み込めるようになって、初めておとなになるのである。

さて、私の少年はどのような際に出逢うのだろうか。

この原稿をまとめていて、私はふと不安になった。私の愛するひとの主観は、ちゃんと確立しているのだろうか。彼は、私に起因したことで負の感情を露呈したことがない。「あなたはどう思う?」と聞いても、穏やかに微笑むだけ。静かに、嬉しそうに、私の傍にいてくれるばかりなのだもの。彼の中に、本当は私など内在しないのかもしれない。彼自身が、空虚なのかもしれない。

不安のあまり、泣きながらそう聞いたら、彼はとびきり優しい声で私の名を呼んだ。ほら、と続ける。「あなたと過ごす、最初の梅雨だよ」

名前を呼ぶ、というのは、なんて素敵な答えなのだろう。「私」が彼の中にいるのが一瞬のうちにわかる。彼の自我を感じ、私の自我を認める、魔法のことばだ。その日も湿度の高い夜だった。何もかもがしっとりと濡れたように動かない闇の中に私たちはいた。彼がおとなの男でないなんて、どうして疑ったりしたのだろう。

やわらかな自我

私の中に、少女がいる。

ほんの数日前、私は唐突にそのことに気付いた。豊かな髪をおかっぱに切りそろえた、痩せっぽちの女の子。彼女は、私が八歳の夏に置き去りにしてきた「八歳の私」だ。私にはすぐにそれがわかった。彼女は、私がその夏好んで着ていた、水色のワンピースを着ていたから。

彼女に気付いたのは、炎天下の交差点だった。信号待ちをしていた私は、あまりのことに立ちすくんでしまった。なぜ今、この子がこんなに確かなビジュアルでもって、私の意識の中に立つのだろうか、と。私は、狂ってしまったのだろうか。

三日の間、私は、彼女を観察し続けた。何ということはない、彼女は、ただそこにいるだけだった。途方に暮れるわけでもなく、拗《す》ねるわけでもなく、おっとりとそこにいる。そこというのは脳裏、すなわち認識したすべての像が結ばれる後頭部の片隅で、もちろん私の脳の中の出来事だ。

四日目、私は彼女にそっと手を差し出してみた。彼女ははにかむように小さく笑った。五日目の昨日、私は彼女を抱きしめた。嬉しがるだろうという予想に反して、彼女はぽろぽろと涙をこぼした。と思っていたら、泣いていたのは私自身だった。嬉しいのか悲しいのかは皆目わからない。ただ、泣くことが、そのときはとても気持ちが良かった。

それ以来、彼女は私の傍にいる。不安なとき、私たちは手を取り合う。ときに膝に乗せて、抱きしめる。私は私自身が大好きになる。文学や映画によく使われる幻の同伴者というこの手法を、この数日間私は感じているのだ。

もう一つ、不思議なことがある。私の愛するひとがこの子を愛でる、のだ。たとえば、私の背後にある何かに手を伸ばしたついでに、彼はこの子の頭を撫でる。実際には、彼は私に触れもしないのだけれど、私には、彼が私の中の少女をくしゅくしゅっと撫でるのがわかる。そもそも彼は以前から、気配だけで私を猫っ可愛がりする、不思議な男なのだ。

彼はよく言う。「僕は、いつでもあなたに逢えるのだよ。あなたの気配がわかるのだ」と。そう言われてみると、何百ｋｍも離れていても、彼が私をかまったのがわかる瞬間がある。今では正確には、私や、私の中の少女の私を、だ。そんなことを言う彼は、観念論の人ではなくて論理数学者である。

私たちがおかしいのだろうか。それとも、おとなの恋人たちは、皆こんな幻を見るのだろうか。真夏の夜の、月蝕の晩に。

さて、困った。私は前章で、少女は、主観から客観へ情緒の源がシフトしておとなになる、と豪語した。ここではその話をさらに重ねて、自我を外から見つめるおとなの女の視点を採り上げるつもりだったのに、私自身がもう一度、自我の核に出逢ってしまったのだもの。……八歳の私。

小学三年の夏休み、私は、空き缶の中で足を滑らしてはくるくる回る愉快な沢蟹に夢中だった。その日も竹藪の中の小さな川で、私は沢蟹を捕って遊んでいた。ふと、竹を揺らして一陣の風が通り過ぎ、私は笹の葉の作り出す緑の波を見上げたのだった。次に手元の空き缶に視線を移したとき、私はなぜか、その中で動き回るユーモラスな小蟹に対する好奇心をすっかり失っていた。それ以来、川に入って遊ばなくなった。その日着ていたワンピースが、水色木綿のワンピースだったのだ。

八歳は言語脳の完成期と言われている。あの夏の日、私の脳が臨界期を迎え、蟬が脱皮するように何かを置き去りにして新しい思考の旅に出た。人生の記憶を丁寧に探せば、誰にだって、そんな瞬間がある。

けれど、今またあの場所に戻ったのは、なぜだろう？　三十年を超える思考の旅が一巡したのだろうか。それとも、ずっと彼女は私の傍にいたのかしら。私が気付かなかっただけで。

その答えはこれから探すことになりそうだが、少なくとも私は、自分の中の女性性をうまく育てあげたようだ。私自身が少女の私を愛し、「私たち」は寄り添っている。このフォーメーションは、外的な力では当然崩すことができないものだ。そうして私の恋人が、私を愛するのを主観で歓び、少女の私を愛でるのを客観で喜ぶ。私はただ生きているだけで、彼はただ傍にいてくれるだけで全方位から安らかな思いが満ちてくるのだもの（達成の努力をして成功したり、誰かに賞賛してもらわなくても、だ。彼が贈り物や愛のことばを連発しなくても、である）、これは最強の女性性のかたちではないだろうか。

自分で自分を愛する、ということ。これは、私の人生後半のメインテーマだった。誰に認められなくても、ここに生きていて良いという安定した証を手に入れようとしたら、自分で自分を愛する以外に方法はない。けれど、自分を愛するのには愛する人の圧倒的な容認と賞賛が必要だ。そのパラドックスが、脳梁の太い女性脳の特徴なのである。

すなわち、遠近感に乏しく、自己の周辺を見つめ続けることを使命とされてしまった私たちの脳は、なかなか自我の外に出られない。自分を客観視することが苦手なのだ。だから、言語脳の完成期におずおずと自我の外に踏み出した少女たちは、長い時間をかけて自己確認をする。いい子だね、と言われてほっとし、いい女だな、と言われて安心する。「親に誉められる娘」として自我の輪郭を書き、「恋人に愛される女」として、また自我の輪郭を描くのである。子どもを産めば、しばらくは母親としての使命感に深く支えられる。だからこそ、我が子の幼児期を終えてしまった女の絶望感は深いのである。ある女性脳は子どもの親離れを拒み、ある女性脳は社会参加しなければともがき苦しむ。

誰かに絶対的に認められたいという欲望は、群の中で、安全に個体として存続するための脳の糧なのだ。それは、食欲と同じように切実な欲望なのである。その「誰かに絶対的に認められたい」の「誰か」が自分であれば永遠に絶対だ。それを神に置き換えたのが宗教なのではないだろうか。

やわらかな自我。ふいに、そんなことばが浮かんだ。敬愛という輪郭で描かれたやわらかな自我だ。自分で自分を敬愛し、自分を愛するように大切なひとを愛すればいい。

八歳の夏の日、沢蟹を放した私は、その後、受験戦争に勝ち抜き、企業戦士として生き抜き、子育てに身を費やしてここまでやってきた。立派な大人として他人から敬愛されるために。けれどほんとうは、自分自身を愛するための長い長い仮想アドベンチャーだったんだなぁ、と今しみじみ思うのだ。三十三年間のアトラクション。今やっと出口にたどり着き、入り口にいた八歳の私と再会して抱きとめた。ここから先がほんとうの人生なのかもしれない。何が私を待っているのだろうか。

愛するもののなまえ

カナカナと、ひぐらしが、たゆたうように鳴いている。夏の終わりの昼下がり、溢れるようだった白い陽射しに翳《かげ》りが見え始める。その翳りに触発されたかのように、物悲しい声を持つこの蜩たちが鳴き始めるのだ。

気がつけば、夕暮れ時の風もひんやりと冷たくなっている。月も冴え冴えと影を見せる。私は心底ほっとする。これで、息子の首の汗疹《あせも》が消える。暑さにだけは辟易する、私の愛するひとも、ほっと一息つくだろう。

女は愛するひとたちを、ふんわりと案じて暮らす生き物だ。案じるから、腹も立つ。残暑に舌打ちをしたって仕方がないものを、と自分で自分に苦笑して、夏の終わりの日が暮れる。

そういえば、案じなくてもいいものも案じ、腹を立てなくてもよいものにも腹を立てて、昔の女たちは日々を暮らしていたような気がする。そうすることで、身の回りの小さな危険から家族を守っていたのだ。二十一世紀にキャリア・ウーマンと呼ばれて飛び回っていても、暮らしぶりの一端がいつの間にか祖母の世代の女たちに似ているのにはなんだか可笑しくなる。女こどもが暮らすということは、きっとそういうことなのだろう。

だから女の暮らしは、賑やかになる。しなくてもいい指示を先にして、後から小言が追いかける。愚痴がかぶさることもある。その上、間の空白を、行方の見えない世間話で繋ぐのだ。

もしも、そんな奥様を持っている方がいたら喜んでください。彼女の女性脳は抜群に優秀です。ただし、彼女と長くやっていくにはコツがある。生活能力の低い駄目亭主を演じきるしかないのである。彼女は、亭主の私的空間を触りまくって安心する。脱いだ服を勝手に洗い、敢えてそう置いた本を無神経に片付けた挙句「あなたはいつもだらしない」と勝ち誇る。駅の通路を塞ぎ、人の行く手を斜めに横切り、だけど同じことをする他人には容赦せず、勝手に歩く同行者にも腹が立つ。だから、亭主はぼんやりしているふりをして、彼女に先導されて歩くのが一番覚えめでたいのであって、けっして効率的な暮らしをしようとなんか思っちゃいけないのだ。……なんて茶化してしまったけれど、女のこの賑やかな暮らしぶりがなければ子どもは育たない。老人も安心して呆けられないのだ。

さて一方、優秀な男性脳が暮らしをデザインすると、ひたすら静謐になる。

ここまで書いてきて、私ははたと困ってしまった。知的なおとなの男たちの、スタイルのある暮らしぶりを表現する日本古来のことばは何だろう。

居ずまいのよい、という美しい日本語があるが、どうも空間関係性の表現に偏っているような気がする。その居ずまいのよさを創りだしている、暮らしぶりの正しさ、すなわち時間関係性の要素を表現するのには少々手薄な感があるが、どうだろうか。

私が表現したかったのは、こういうことだ。

私の愛するひとは、旅先でその日着た下着を淡々と洗って干し、翌日に着る。書類は必要以上に広げないし、使ったものは元の場所に戻す。魚はきれいに食べる。口数は少なめで安定し、他人の話をとてもおおらかに聞く。つまり、自分の気が制する空間、というのだろうか、背骨を中心に半径二メートルくらいの扇形の情緒空間を、彼は非常に効率良く回すのだ。効率が良いから、けして潔癖症には見えない。他人より鷹揚に見えて、それでいて静謐なのだ。

だからもちろん、居ずまいがよく、佇まいも美しい。立っても座っても、見蕩《みと》れるくらいに艶のある男なのだ。

この暮らしぶりの静謐さは、成熟した男性脳の特徴だ。空間認識能力が高いから、何をどこにプロットしたらいいのかがよく見える。ものだけでなく、手順もそうだ。見えるから、無駄がない。無駄がないから、騒がない。

その隣で、私の素敵な女性脳は、ドアを開けそこねて溜息《ためいき》をつき、コンタクトレンズを入れそこねたと思ったら、マニキュアの瓶を見失って困惑する。当初彼は、自分の空間に私を招き入れるのを躊躇していた。扱いかねて遠巻きだったのだ。きっと私が、彼のスタイルにとって不穏因子だったから。けれど私は、だからこそ彼を信頼したのだった。つまり、彼が半径二メートル以内の情緒空間に「優秀な」女性脳を招き入れることに慣れていなかったからだ。静謐なのに、無骨な男。男らしくて、ひたすら官能的だ。おとなの女が恋をするなら、このタイプが一番嬉しい。ライバルに悩まされることがないし、そもそも女に小器用な男なんて、居ずまいが俄然悪くなる。

そんな彼も、最近は私の女性脳に慣れてきて、私のためにドアを開け、私の荷物をフォローしてくれる。こう考えると、レディファーストの習慣って、男性脳が女性脳を制するための約束事だったのね。その後の「小」騒ぎを避けるための、おとなの男の知恵だったのだ。


気がつくと、ひぐらしの数が増えている。黄昏の雑木林に、降りしきるようなひぐらしだ。

それにしても、夏の終わりのこの国の風景に、こんなにも似合う音が他にあるだろうか。陽射しが和《やわ》らぐと同時に、夏の疲れを慰撫するような優しげなこの音、カナカナ、なのだもの。

ところで、虫の声をことばに置き換えて味わうのは、日本人の脳に特有の才能なのだそうだ。

『日本人の脳—脳の働きと東西の文化』（大修館書店、一九七八年）という本をお書きになった、東京医科歯科大学名誉教授の角田《つのだ》忠信先生によれば、日本語を母語とする人たちは、複雑な虫の音を左脳（言語機能局在側）で聴く。ことばとして聞き取るので、カナカナ、リンリン、ギチギチ、スイッチョンなどとことばに置き換えることが得意なのである。

欧米各国語やアジア各国語を母語とする人たちは、虫の声を、楽器や機械音などと同じように右脳で聴く。私たち日本人が、ヴァイオリンの音をことばでは描写できないように、欧米人は、ひぐらしの鳴き声をカナカナと描写することができない。そこにただ、音が存在するだけだ。したがって、蟬のように単調で音楽性を持たない虫の音は、ほとんどの民族の脳では雑音と同様に処理される。

一方、ひぐらしの音をカナカナと聴く私たちは、カナカナの語感を、ひぐらしのイメージになぞらえる。

カは、喉の破裂音。喉の奥を固く接着させ、強い息をぶつけてブレイクスルーする。喉の破裂音なので、口腔を素早く抜けていく息には、唾の水分がからまない。このため、硬く強く乾いた印象を呈するのがカの発音体感である。

強く硬く乾いたカに、舌が上顎を優しく撫でるナの組み合せ＝カナは、痛みを慰撫する、癒しの事象を髣髴とさせる。雑木林に響く無数のカナカナは、だから、強く乾いた夏の疲れを慰撫する、癒しのシャワーなのである。

実際には、ひぐらしの鳴き声は、キニキニという金物を叩くような音にも聴こえる。試しにキニキニと聴き取ってみてほしい。かなり耳障りな金属的な音も含んでいるのがわかる。なのに、私たちは、あれをあえてカナカナと聴き取って、夏の終わりの癒しに変える。日本人の脳が自然に行う優しさであり、教養だと私は思う。

ことばの音が与えられれば、語感のイメージがもれなく付いてくる。呼び名が変われば、イメージも変わる。愛するひとに呼んでもらう名前は、慎重に考えたほうがいいのかもしれない。

甘やかな呪文

地下鉄で、知らない人が、私の首に手をかけた。

その日は不思議な日で、タクシーに乗る度に運転手が道を間違えるし、訪問先のインターフォンのチャイムも鳴らなかった（壊れていたわけではないのに、私が押すと鳴らないのだ）。携帯電話がうまく繫がらないかと思えば、洗濯機のタイマーが調整できない。レストランでも、間違った皿がやってきた。

周囲と明らかに折り合いがついていない。私の意識と世界の間に油膜が張っている。ごくたまにそんな日が巡ってくることがある。最初は戸惑うが、一日の後半ともなると私はなんだか面白くて、不調法なことが起こる度に愉快な気持ちになってしまうのだ。私が老人になったら、こんな日が増えるのではないかしら、とふと思うことがある。年老いるというのがこういうことなら、それはそれでなかなか愉快だ。

さて、そんな日の終わりのことだ。がら空きの地下鉄で、私の脇にぴったりと立った大きな男がいた。

彼が、生き物ではないものを見るような目で私の首を見つめるので（それはまるで、売り場のネクタイを選別するような冷静な目つきだった）、私は落ち着かず、途中の駅で降りることにした。そのとき、降りようとした私の首に、男が手をかけたのだ。彼にはまるで、私の首しか見えていなかったようだった。首が行ってしまうから、首を止めようとしただけだ、そんな手のかけ方だった。乱暴な動作は一切無かった。男は私の首に気を取られたまま降りそびれ、ドアが閉まって動き出すと、ホームに残った私を追うように電車の中を数歩走った。

私は、降りたことのない途中駅を出て階段を上がった。見慣れたようであり、異国のようでもある都会の裏町に、霧雨が降っていた。さすがの私もちょっと気弱になって、大好きなひとに電話をかけてみた。彼の穏やかな声は、いつも必ず私を『正しい世界』に戻してくれる。ドアノブを握る前に、肘でどこかを触ってからだに溜まった静電気を放電するようなものだ。彼の声は、何かがスパークする前に、試してみる価値がある。

大好きなひとは、おやおや、と嘆いて、こう言った。

「魔力の使い方を間違えたんだね。この魔女さんは」

そのひとことで悪い「魔法」は解けた。タクシーは道を間違えず、肉屋は頼んだ通りのひき肉を出してくれた。帰ったら息子が、珍しく宿題を済ませていた。

それにしても、魔力ということばはとてもキュートだ。深刻な現実から、ほんの少し意識を離してくれる。私の心のギアのかみ合わせがふっと浮いて、それからカチンと正しい位置に戻る。私が彼の傍にいない以上、こうやって私を救うしかないものね。こういう小技は、男性脳のほうが得意だと思う。私の父も、深刻な事態を救う魔法のことばをいくつも持っていた。何事にも一生懸命な母は、そのことばの不謹慎さにときどき腹を立てていたけれど。

この世には、魔法がある。私は幼いときから、そう感じていた。私の感じる魔法は、いつもことばの周辺にあった。


「この世は謎に満ちていて、だから素敵です」

女学生だった私がそう進言したのは、ある日縁あってことばを交わした高位の僧侶だった。その方が、私にこう応えた。

「素敵なのは、この世が謎に満ちている、と感じるあなたの脳のほうです」

そのことばを、その場で咀嚼する能力は私にはなかった。私には、肩透かしをくったような気持ちだけが残ったのだった。

　ずっと忘れていたそのことばを、二十年以上もの時を隔てて思い出したのは、アルキメデスじゃないけれど風呂場だった。私の息子が、風呂場で表面張力を発見したのだ。

「水って不思議だね。ぼくが手を洗うとき、水はさらさらでしょう？　べたべたの手もさらさらになるでしょう。でもね、お風呂にお水を入れると、水はべたつくんだ」

「え」

「ほら、手のひらでお湯の表面をたたくとぺたぺたするよ。あとね、お湯の上に置いた手を上げようとすると、ほらお湯がくっついてくるでしょう」

「あ」

「ぼく思うんだけど、水の表面は特別な場所なんだよ。水と空気の壁というのかな。そんな感じ」

「う」

　一文字だけの間抜けな合いの手は、もちろん母親の私である。最後の「う」は感動の声だ。

　十歳の息子は、その年頃の子どもたちの誰もがそうであるように、止まらない謎解きエンジンの持ち主である。生きている脳の迫力はすごい。表面張力を発見する、自律学習型ロボットを作ろうと思ったら気が遠くなるようなことだけど（物理学法則を発見できるロボットが作れたらノーベル賞は確実だ。今の人工知能の方法論では想像を超える）、人間の子どもは十年ご飯を食べさせたら、こうなる。

「きみはすごい。大発見だ。水がぺたぺたするのは、表面張力というのよ。液体には、一塊でいようとする性質があるの。だから表面のところで水を内側に向かって引っ張る力が働いている。それであなたの手が引っ張られて、ぺたぺたするような感じがするわけ。コップの上に水がほんの少し盛り上がるの見たことない？」

息子、少しだけ考えて、

「あるある。ママの大好きなビールね」

とにっこり。それはちょっと違うんだな、と訂正しようかと思ったが、気泡のことになると物理学的には複雑な話になりそうなので止《や》めておいた。

気泡といえば、息子はこの少し前に、やはり風呂場で浮力も発見している。おならの気泡がぽこぽこ浮き上がるのを見つめていた息子が、

「ママ、ぼく考えたんだけど、おならの空気は軽いから浮かぶわけだけど、水が押しているって考えてもいいわけだよね？　ということは、水にはものを押す力があるんじゃない？　ものに浮かぶ力があるのとおんなじに」

私たちの脳は、謎に出逢い、それを解くエンジンだ。誰の人生も謎に満ちていて、誰もが謎を解きながら生きている。脳が謎に逢えなくなったら、それがその脳の停止するときに違いない。逆に想像するに、脳は停止するとき、すべての謎を解いたような愉楽に浸るはずである。

素敵なのは、この世が謎に満ちている、と感じるあなたの脳のほうです。

風呂場の扉を閉めながら、私は二十年以上も前に贈られた言葉をかみ締めた。息子の謎解きに立ち会って初めて私は、その方のおっしゃったことの意味を知ったのだ。

大好きなひとの呪文で、悪い魔法の解けた、その夜の出来事である。

狢《むじな》ものがたり

一年中で一番、明るい月が出た。中秋の名月と呼ばれる満月だ。夕闇の路地裏に、影のグラデーションが出来上がる。濃い闇と、薄い闇。陰の中に、影がある。

「さぁてと」

月影の自分を見ながら私は、思わず掛け声をかけてしまった。ここから、凍るようなミントシャーベット色の月がかかる十二月の半ばまで、何かをゆっくりと諦めてゆくような、知的な四分の一年が始まったのだ。

私は幼い頃から、何かをゆっくりと失う感じが好きだった。若葉の頃よりも、枯れ枝の風景が好き。心惹かれる人と出逢って、多くの対話を交わして情を深め合う上り坂のときより、口にしようとしたことばを呑み込んで静謐になる、穏やかな下り坂が好きなのだ。

私の大好きなひとは不思議な男で、出逢ったときから緩やかな下り坂だった。私は彼の前で、大切なことばをいくつも呑み込んで、とてもはにかみ屋になる。私たちの前では、どんなことばも余分に思えるからだ。

彼は、私のどんな認識をも尊重する。白を黒と言っても、けっして否定しないのだ。あえて黒と主張した私の心の動きを愛しむかのように、「あなたには黒に見えるのだね」と受け止める。それから私の見解を聞いて面白がり、やがて「あなたがそう思うのなら、それは確かに黒なのだ」と真摯に認める。

そのことは同じ認識論者の私もまったく一緒で、すべてのものには本質と「見え方」とがあり、見え方については完全に見る人のものなのだ、と信じている。だから、たとえ幼子のどんな他愛のない見え方でも尊重するし、他人の見え方を否定することはまずない。そもそも、見え方のばらつきこそがヒトの脳の神秘なのだし、自分と違う見え方をする脳が私にはかえって愛しいのだもの。

なので、私たちの間で交わされることばは、実はとても少ない。彼が私の話を「ほほう」と聞き、私が彼の話を「そう」と聞く。互いの話の間には、それを味わうための沈黙がある。まるで、囲碁の対局か、禅問答か、老人会の茶飲み友達だ。ときにそれが物足りなくて、わざと間違った答えを言うのに彼がそれを包容するので、腹を立ててつっかかることがある。彼は、私をときどき子どものようで困ってしまうと嘆くのだが、ほんとうは子どもじゃない、わざとなの。

だって、見え方を云々しあう恋人たちは、きっと饒舌に違いない（と思う）。同じ対象物を同時に眺めていても、男性脳と女性脳はまったく別のものを見るのだもの、白か黒かの決着を付けようと思ったら一晩がかりでも終わらない。それはそれで楽しそうだ。ときに同じ見え方を持ち寄れば、とても理解し合えたように感じるだろうし、違う意見の相手を屈服させれば征服感もあるだろう。逆に相手の意見に押し倒されて、ひどく官能的な思いをする夜があるかもしれない。なんだかとてもエンターテインメントな感じ。羨ましくて真似してみるのだけれど、私たちはそういうふうになれない。対話が二往復するくらいで宙に消えてしまうから。結論の行方がなんだかどうでもよくなってしまって、どちらかがにっこりしてしまってお終いだ。

けれど、具体的な帰結を持たない私たちの対話には大きな欠点がある。抽象的な記憶は、女性脳にとって、離れ離れになったときにとても頼りないのだ。昨夜、冷たい雨の中を歩いているうちに、私の大好きなひとは本当にこの世に存在するのかしら、と急に不安になった。彼に電話をして、「あなたが実存するのかどうか、ちょっと確かめてみたくなって」と伝えたら、「それは、とても良い質問のかたちだ」と嬉しそうに彼は言った。「それで、確かめられた?」「うん。またね」「うん、明日ね」。この方法論だと、電話も短い。

対話には、意味文脈と情緒文脈がある、と私は定義している。その視点で言うなら、私たちの対話はひどく情緒文脈に偏っていることになる。そういえば、約束の時間や場所を彼はよく聞き落とす。明らかに意味文脈を作り損ねているのだ。

まるで呼吸をするように、情が行き交う。そのことだけを楽しむ対話は、まさに知の極みのようだが、逆にひどく動物的だともいえる。なぜなら、この対話は、相手がヒトでなくてもいい、動物とだってできるからだ。いや、生き物でさえなくたっていいのである。たとえばアート、たとえば音楽。この手法を使えば、月も街も木も風も、そう、階段でさえ対話の相手になり得るのである。

このことは、機械と人間の対話の研究をしている私を、本質的なところで打ちのめす。なぜなら対話は、個人の脳に内在して完結するもの、ということになってしまうから。豊かな人は豊かな対話をする。相手が豊かでなくても、だ。豊かでない人はそれなりの対話をする。相手が溢れるほどの豊かさをもっていても、である。

だとしたら、ロボットの出来がどうであろうと、人間とロボットの対話で生み出される情緒空間は、人間の器量に依存することになってしまう。つまり、ロボットの情緒性をどうにかするよりも、子どもたちの人間性をどう豊かにするかを論じるべきなのかもしれない。対話の情緒性を研究する、一人の母親である女としては。

さて、こう考えると、対話の情緒文脈は、自我のかたちを確かめる手法なのだといえるのではないか。私たちは、大好きなひとと対話をして、自らの存在の温かさを知る。私たちは、屋上に続く細い階段と対話して、自らの存在の普遍性を知る。

これに対し、対話の意味文脈は、自我のかたちを他者に知らしめるためにある。私たちの顕在意識が描くもの、たとえば金額や場所や時間、肩書きやブランド名や権利を私たちは意味文脈で語るのだから。

すなわちヒトは、情緒文脈で自我を内側から探り、意味文脈で自我を外に向かって顕わすのである。ほらね、対話は「私」と出会う旅なのだ。やられた、と私は舌打ちするしかない。基本的に、対話は他者あるいは他者の知識と出会うためにするものと思い込んでいたから。だが、対話は自我のかたちを際立たせるための手段、「私」と他者を照応させるための手法なのだ。私は、対話の考え方を、根本から変えないわけにはいかない。

いつか私は、私の大好きなひとを失っても、彼と対話をし続けるだろう。逆に私が先に死んでも、彼はきっと今とそう変わらない手法で私と対話し続けると思うのだ。だとしたら、今こうして、生身で相対している私たちの意味はいったい何なのだろうか。私たちは、なぜ生まれてきて、出逢い、手を取り合ったのだろうか。

一つだけ思うことがある。私が先に死んでしまっても、彼が残りの人生で私と対話し続けられるように、私はうまく彼の幻になりたい。

「あなたは、人間ではないね？　夢幻を見せる貉なの？」

彼が真顔で、そう尋ねてくれるまで。

神聖な責務

「息子さんには、脾臓《ひぞう》が二つあります」

風邪をこじらせた息子の肝機能が低下したので、腹部の超音波撮影をすることになった。その結果を見た担当医の見解が、これである。普通の脾臓の下にもう一つ、小さな脾臓があるのだという。

「何か、問題がありますか？」と聞いたら、「いいえ、ぜんぜん。ただの奇形です」と医師は事もなげに答えた。

私は、ちょっと愉快な気分になった。彼は、特別なのだ。それが人類の役に立つとは到底思えないことだとしても、私のたった一人の子どもが特別だなんて、なんだかとてもチャーミングだ。

彼は将来、恋人に「ぼくには脾臓が二つ、あるのだよ」と囁くのだろうか。彼女は、冗談だと思って、あやふやに笑うだろう。彼は、真面目な顔で、さらに声を潜めるのだ。「本当だよ」、と。

この上なく私的な秘密を告白された彼女は、彼の背中を撫でながら、とてもセクシーな気持ちになるのに違いない。恋人の背中の下で、血が通っている二つの脾臓。自分の男が、特別である証のような気がして。

ヒトの情緒を研究している私には、ヒトの状態や行為の揺らぎが面白い。皆と同じように出来ない個体が愛しいのだ。

だって、標準規格品を作るのが、本当は一番たやすい。息子を八割の女の子に好感を持たれる八十点の男に育てるのなんて、きっと簡単だ。十歳にして二十五・五センチのスニーカーを履く彼は、十八歳までに身長百八十センチを越えるだろう。ハンサムかどうかは意見の分かれるところだが、黒目がちの瞳はPTAのお母さんたちには好評である。それに何より、女の扱いがすごくスイートなのだ（彼は二歳半のときに、「なぜ、自分でお箸を使わないの⁉　保育園ではちゃんと食べてるって、ネタが割れてるんだからね」と怒り狂う母親の手を悠然と取って「こんな綺麗な手が近くにあるんだよ。食べさせてもらいたくなるに決まってるじゃない」と言ってのけた大物だ。成績が良くたって社会的に尊敬されたって、女にモテなかったら、生物学上あなたがオスとして存在している価値がないのよ、と一歳のときから言い聞かせてあるからね）。成績はまあまあで、読書量が多く、機械ものに強い。かけっこは速くないけど、水泳は得意だ。

その、たぶん「八十点の男」になるそこそこの息子に、二つの脾臓。これは彼にとって武器になる。そこそこの印象に終わらせたくない相手には、言えば良いのだもの。「僕には脾臓が二つ、あるのだよ」と。

この秋の終わり、私は長引く風邪に悩まされている。日に日に声が弱っていく。こもる鼻音と、かすれる咽頭音。発音の切れはどこかに行ってしまった。

そうしたら、思いがけない効果があった。大好きなひとが、とても優しいのだ。「かわいいね。声が甘ったれてる」そう言って笑う。

彼の名前には鼻音が二つ入っているので、私が彼を呼ぶ声が甘えたようにもたつくからだろう。そして、私の名前には咽頭音の「ほ」があるので、自分のことを名乗るときには、かすれて弱々しげになる。そのコントラストが、効いたのかしら。今月は、私が多少増長しても、彼はひたすら蕩《とろ》けるように優しい。

そもそも、ひと月以上も続く咳のせいで憔悴しきってしまった私に、「女の人がやつれている、って、けっこう好きなのだよ」と嬉しそうに告白した彼は、ヒトの感性を論理世界に持ち込んでいる研究者だ。ヒトの行為を数学を通して見つめている彼も、やっぱり「はみ出す」個体を愛しがる。私が咳き込んで鼻を垂らしても、ぜんぜん怯《ひる》まず抱きしめてくれる。街を行く、健康な若いお嬢さんたちの太腿に見向きもしないで（というように見えるのだけど……）。

病んでいる、とか、異端である、ということ。当然の成り行きを裏切る、時空の綻《ほころ》びだ。他所《よそ》にあるものが、突然傍らにやってくる。私の声が彼の耳にしなだれかかり、息子の脾臓が私の胸に飛び込んでくる（息子が生まれてから今まで、ついぞ思い至ったことのなかった彼の脾臓が、である）。脳に直接切り込んでくるそれらの感性イベントは、皮膚の接触よりももっと深いところを刺激する。愛するひととの綻びは、だからチャーミングなのだ。

情緒を制御しようとするなら、理路整然と流れていく意味文脈に対して、どのような綻びをつくるかは、重要な課題である。

完璧なまでの強さや美しさに、ほんの少しの綻び。その綻びを隠そうとして、覆った掌から零れ落ちる弱みの、なんと官能的なことだろう。本体を包み込み、見るものを慰撫する情緒のオーラだ。

しどけなさ、ということばがある。通常、否定的な意図で使われる形容詞だが、綻びが情緒を揺すり出す状態を表すのには、一番近いのではないだろうか。惚れた相手のしどけなさに絡め取られたら、動きがとれないもの。つまり情緒文脈で考えれば、綻びはけっして悪いものではないのである。皺にも白髪にも染みにも弛みにもめげずに生きて行こう、っと。

さて、実は、私は生まれつき小さな綻びを持っている。正確には、綻びというより、綻びを作り出す、解《ほど》く呪文だ。私の名前、いほこ、という音である。いほこというのは、不思議な名前で、呼んだ者の心を解いてしまうのである。舌に強い前向きの力を加えるイに、肺の中の息を全部出しきるホが連なるおかげで、この名を呼んだ人は息が足りなくなり、一息つくことになるからだ。

私を叱る大人たちが、私の名を呼んだところで「ふぅ」と一息つくので、怒りのボルテージが上がらない。何かを思い詰めていた母が、帰宅した私の名を呼んで、その瞬間に柔らかく解ける。緊迫した用件の電話なのに、私の名を呼んだ友人の気持ちがほろりと解けてしまう。そんな「開け、ごま」を、私は小さな頃から幾度となく見つめてきた。解けた気持ちに魔が入るといけないので、私はできるだけ穏やかにことばを紡ぐようにしている。解く名前を持つ者の、神聖な責務として。

ところでこの名、ありそうなのに、人名辞典には載っていない。穿《うが》った言い方を許してもらえば、これは、夢幻を見せる危険な名前。やたらヒトに使ってはいけない名前なのかもしれない。私の両親は、どんなインスピレーションを得て、このような特別な名を私に付けてくれたのだろうか。私は、この名のお陰で、普通では見えないものを見て生業にしている。人生そのものを、この名前にもらったようなものなのだ。

そうだとするなら、この世には、解きの逆、結ぶ名前を持つ人もいるのに違いない。その人は、どんなものを見つめて育ったのだろう。何よりその人は、どんな名前を持っているのだろうか。

食卓の風景

今朝、私は懐かしい裏切りにあった。

雑巾である。私の母は左利きで、雑巾の絞り方が私と逆になる。なので、母が絞った雑巾を私が更に絞ろうとすると、はらりと解けるのだ。きゅっという確かな手応えが返ってくるはずの手元に不意の解放感があって、私ははっとする。大袈裟だけど、まさに裏切られた感じがするのだ。

けれど、久しぶりに郷里に帰った娘としては、それは実に懐かしい感覚になる。ああ母の傍にいる、としみじみ思う。そうして次に、してはいけない想像をする。いつかずっと先、母が逝ってしまった後に、母の残した雑巾に「裏切られたら」どうしようと私は怯えるのだ。逆絞りの雑巾は、母以上に母の存在感を見せつける。私は失ったものを抱きしめようとして、緩んだ雑巾を手に途方に暮れるだろう。

それは雑巾に限らないのかもしれない。糠床の指の跡、新聞紙の揃え方、玄関の整え方、云々云々。母が管理する故郷の家の風景は、そのまま凍結して永遠にしまっておきたいくらいに私の原風景のままなのだから。

最近やっと「いえ」というものの正体が見えてきた。そこで暮らすひとたちの存在感で満ちている。その存在感の総体が「いえ」なのだ。家屋がいえになるには、長い時間がいる。

今朝は、なぜだろう、母の雑巾を手にした後、そういうえの風景を一つ一つ確かめて、私は「いえに棲む女」になりたい、と切望した。中年女というのは、我ながら不思議なことを考えるものだ。

こんなことを考えるのは、子猫を飼い始めたからかもしれない。スコティッシュフォールドと呼ばれる、犬のように人懐っこい猫種の雌は、愛玩用に交配された完全な家猫だ。連れて来た日のうちに居心地の良い場所をさっさと見つけて、のびのびと暮らし始めた。あっちの陽だまり、こっちの隅と、寝そべるに良さそうな場所を見つけては、まどろんだり、揺れるカーテンを眺めたりしている。

彼女の好きな場所に寝転んでみると、これが面白い。うちは良いいえだとしみじみ思えてくる場所なのだ。たった七百グラムの子猫に、私はいえの感じ方を教わったのである。

いえは、整えるひとに似る。母の整えるいえはいつも清潔で温かく、学校から帰って家が散らかっていたことなど、ただの一度もなかった。消耗品が切れたこともなく、暮らしの工夫がふんだんにあって、季節を気持ちよく回していた。思春期の頃は、母の優等生ぶりが鬱陶しく、いえを出ることばかり考えていたものだ。今は、お手本に感謝している。

私の整えるいえは、こんなふうにはいかない。息子の同級生（女子）によると、「くろちゃんちは、なんとなくロマンチック。けどさ、リボンもフリルもないくせにロマンチックなんだよね、不思議。壁いっぱいの本棚のせいかなぁ。別に、どこがきれいっていうわけでもないしねぇ」だそうだ。まるで、私の女としての評価を聞いているみたいで、なんとも可笑しい。

女がいえになるのなら、男は何になるのだろうか。雑巾を改めて固く絞りながら、私は考えた。

裏切り、といえば、最近わかったことがある。人を裏切る人は、他人の裏切りに怯える。嘘をつく人は他人の真実を、不貞を働く人は他人の誠実を常に疑っている。そして何より怖ろしいのは、大人になると、それが顔に出ることなのだ。

私の大好きなひとは、公明正大な顔をしている。私の真実と誠実を微塵も疑ったことがなく、翻って彼自身の真実と誠実を見失うこともない、誇り高いおとこの「かお」。私はこのひとのかおが大好きなのだ。そうか、暮らしの積み重ねで、女はいえになり、男はかおをつくる。四十過ぎると人間はシンプルだ。

いつか、大好きなひとのために、いえになるのもいいかもしれない。いえに棲み、誰も裏切らず、嘘もつかない。ということは、誰を疑うこともなく無邪気に暮らせるということだ。そのいえに良いかおの男が帰ってくるのなら、女にとって、こんな幸せな暮らしがあるかしら。な〜んだ、女の幸せって、とっても古風なことだったのね。

さて、雑巾の逆絞りは、私の息子に遺伝した。息子も左利きなのだ。箸を右手で扱う母と違って、彼は、おもちゃのピストルの引き金も右手で引けなかった真正の左利きだ。

その彼の通信簿には、ずっと「字を丁寧に書きましょう」とあった。そりゃ無理でしょう、と母親の私はその度に呟く。だって、左利きの人間は、右利きの先生が書く字を真似することになるのだ。それがどんなに難しいかは、複雑な折り紙を対面で教わることを想像すればわかる。それだって、右利き同士なら、頭の中で手も対象物(折り紙)もまったく逆に置き換えればいい。これに対し、左利きと右利きの場合は対象物だけが正方向だ。手と対象物の新たな関係性を脳の中で構築しなければならないのである。だから、右利きの先生の手元を見つめる左利きの小学生の頭の中で起こっていることは、けっこう複雑だ。緩んだ雑巾を絞り直す（右利きの子たちがきゅっと絞って終わりなのに）くらいのタイムラグが生まれるだろう。そんな彼に、ゆっくり丁寧に字を書いている余裕は、今のところないと思う。

それにしても、左利きの脳で世の中を見るということは、どんな感じがするのかしら。私が、彼らの雑巾に裏切られるように、彼らは、日常の様々な事象に裏切られている。皆がスムーズに抜けた自動改札で、左手の切符を右側のスリットに通すためにもたついてしまう。左手ではガスレンジの点火ダイヤルを回すのも難しい。

そして、その日常の裏切りの積み重ねが、彼独自の思考術をつくり上げたようだ。他人の所作を自分の所作に再構築するように、入力情報を自分の見解に再構築する。見たことや聞いたことを自分なりのことばに焼き直すのである。けれど、この世の真実を小学生のことばに置き換えられると、これが非常に重いのだ。

「ママ、家族って何だと思う？」

働く母親に突き付けられたこの質問は、こう続いた。

「毎日一緒にごはんを食べるのが家族だと思う。うちは家族じゃないよ」

我が家は、老舗の問屋街の隙間にある。皇室御用達の傘やバッグ、靴やベルト、帽子、釦《ボタン》。その部品問屋と、組み上げの家内制手工業の家屋も周辺に累々と並ぶ。ほとんどが家族経営で、仕事場と住居が同じビルの中にある。そのためこの地域の子どもたちの過半数が、朝晩（夏休みなら昼も）家族全員で食卓を囲むのである。

息子は、それを見て家族を感じると主張した。私は深く納得した。地方に出向くことも多い働く母親には厳しい要求だったが、とにかく朝ごはんだけは一緒に食べることにした。朝六時の飛行機に乗るときは、四時半に食卓を囲む。

けれど最近、彼はこれを主張しなくなった。子猫が来てうちが普通のいえになったから、と彼は独り言のように言った。本当に不思議なことだけど、生後二か月の子猫は、まるで百年もここに住んでいるかのようにこの家の風景の一つになった。そうして、一気に我が家がいえになったのだ。家族の存在感で満ちていて、食卓の風景を無理して作ることもない。これは画期的な出来事だった。外猫だったその家の女が、いえになりたいとまで切望したのだから。

昨年の同じ時期に一緒に過ごした猫ロボットには、残念ながらこの効果はなかった。工学で作る情緒の限界を思い知るべきなのかもしれない。

降り積もる思い

光が戻ってきた。立春を過ぎると、寒さを慰撫するかのように、弾む陽射しが街に差し込む。まるで、おとなの男が果たしてくれる約束事のように、ささやかで確実な繰り返しだ。

ここ数年、私はこの陽射しに出会うと必ず父を思う。なぜか四十代の、人生で一番タフな時期の父の笑顔で、そんなシーンはこの陽射しだけが見せてくれるものだ。おとなの男が家族に果たす、一つ一つはささやかだけど、でも確実な繰り返し。こっちは忘れているのに、判で押したように戻って来る早春の陽射しに似ている。冬の風景を愛している私には、ちょっと煩《うるさ》い陽射しでもある。そのうっすらと刷毛《はけ》で刷いたような煩わしさがまた、父娘の風景に似ているのかもしれないけれど。

幸せなことに、私は、男たちの「ささやかな繰り返し」を疑わない。それは、父のおかげだ。父は、母がどんな理不尽な行動を取っても、「この家は、母さんが幸せになる家だから、それでいい」と言い切っていた。このセリフは、あまりにもカッコ良かった。そして、子どもだった私に、一つの真実を教えてくれたのだ。仕上がりのいいおとなの男は、妻と決めた女の「正しさ」なんて、いちいちはからないのだということを。一度チームを組んだら、評価なんかせずに、繰り返し繰り返し責務を果たす。

父のセリフは、私にある種の伸びやかさをくれた。私には、よくよく考えると大好きなひとに愛される明示的な理由は何もないのだけれど、彼のささやかな繰り返しが永遠に続くような気がしている。なんとなく。

たしかに、脳科学的にも、自分を信じる女こどもをなかなか裏切れないのがおとなの男だ。だから、私が信じている限り、きっと彼は温かな繰り返しを与え続けてくれる。他に気を取られることができて、繰り返しが多少間遠になったとしても。

男と女の問題は意外に簡単だ。一度情が通じた仲なら、女が信じて過多を望まなければ、たいていの男女関係は破綻しない。難しいのは、女が信じるのは相手の男じゃない、「自分」だってことなのだ。自分に降り積もる、好意の繰り返しをなんとなく疑わない、そういう反教養みたいなものが女には必要なのではないだろうか。

もしも女の子を授かったら、男は美しいから、あるいは賢いから女を愛するわけじゃない（美しいから振り返る、はあるかもしれないけれど）、女が男の繰り返しを、おっとり信じているから愛し続けるのだということを教えてあげよう。

考えてみると、母の世代までのこの国の女たちは、そのことを知っていたのではないだろうか。母は誰とも争わず、機嫌よくいえを守っていた。私たちは、男女雇用均等法の前夜世代で、女も男社会で勝ち抜いていかなければ意味がない、と教えられてしまった。そのせいで、この世代の女たちは、何かで秀でなければ愛され続けることができないと思い込んでいる。キャリア・ウーマンと呼ばれて高収入があり、おしゃれをして実年齢より十歳も若く見え、それでもまだ自分を磨く何か、他者から抜きん出る何かを探している。と同時に、ここまで手にした成果の分、大切にしてもらわなきゃ割が合わないような気がしている。

だけど、彼女たちは、ほんとうにおとなの男たちの繰り返しに気付いているのだろうか。直接には何も求めない、高潔な男たちのささやかな繰り返し、降り積もる好意の数々に。

「ちょうど今ごろの陽射し、なのだよ」

春先の〝戻ってきた光〟を見つめながらコーヒーを飲んでいた私に、私の大好きなひとが囁いた。

「あなたの幸福な質問の話には、肝心な部分が欠けている」

ちょうど一年前、私が私の大好きなひとに「かめのぞき、って、どんな色だと思う?」と質問した。瓶覗きは古代色の一つ、藍の淡い色合い(ターコイズ・ブルー)だ。よく使い込んだ藍染の瓶の内壁に、光が差し込んだときの色であり、藍に布をくぐらせただけで創り出す淡い染め色を指すのだそうだ。

彼は、ほんの少し黙った後、「薄いグレー、だろうか」と答えたのだった。彼の答えは正解ではなかったけれど、とても素敵な解説が付いた。「のぞき、というぐらいだから、光が織りなす色彩だと思った。だから、影の色を選んだのだよ」。私は、彼の知の手法に触れて、とても幸福になった。そんな話だ。

その「幸福な質問」が、一年後、ある女子大の入試問題になった。

彼は、私たちの私的な会話が可憐な受験生たちを悩ませたことをひとしきり楽しんだ後、

「肝心な部分が欠けている。ちょうど今ごろの陽射し、なのだよ」

と言ったのだった。

そう言われて、私は思い出した。あの日、早春の弾むような光が、私たちの足許に斜めに差し込んでいた。私は彼のことばにすっかり魅了されて、風景などとうの昔に

忘れていたのだ。しかし彼は、その光を書かなくては話は完成しない、と主張する。「その光の中に、あなたがいたから、あの答えがあったのだからね」と、小学生の娘を諭すように私に言う。私は素直に、うん、と応えて小さなため息をついた。あまりに幸福で、肺に入りきらなかった小さな息だ。彼の脳裏に降り積もる光景があり、その中に私がいる。おとなの男の、ささやかな繰り返し。

「あの陽射しは、心に降り積もる風景だものね」

そう私が言ったら、彼はゆったりと、こう応えた。

「降り積もらないものはないのだよ。私にとっては」

このひとの脳が愛しい、と思った。このひとの脳には、風景が降り積もる。私の脳にはことばだ。彼は秀逸な男性脳で空間認識を操り、私の女性脳は時間の流れをたどる。私は彼のことばに風景を感じ、彼は風景の中に私を見る。

同じ出来事が、こんなにも違うかたちで残る二つの脳。そして、どちらの脳にもしんしんと降り積もる思いがある。この世に男と女のいる幸福を思わずにはいられない。

紅を放つ

花芽を持つ寸前、桜の樹肌が鮮やかな紅《べに》に染まる瞬間がある。

厳寒のやっと緩む頃、すべらかな枝々が匂うような紅色になるのだ。桜並木なら、一帯が紅色の靄に包まれたように見える。正確に観測したことはないけれど、樹ごとにほんの一日か二日の出来事だと思う。

もちろんそれは、枝の表面に紅を塗ったようになるのではなくて、眩しいほどの強い光で枝を透かして見たときに現れる光の色彩だ。若い人たちの耳たぶを強い逆光で見ると鮮やかな紅色になる、それと同じことだと思う。これから花芽に吹き込まれる紅が枝の表層に集まっている。それを光が解き放つのだろう。

人に話しても「そんな光景は見たことがない」と言う方がほとんど、「そうそう」と相槌を打つのはごく少数派だ。けれど、染色家は花を持つ寸前の枝を煮出して布を染めるのだという。桜染めは花弁では出来ないのだ。やがて花弁に与えられる紅が、その前に枝の表層に密に集まっていても不思議ではないような気がするのだけど、そんな解釈は非科学的かしら。

紅を放つ、桜。花芽を持つ寸前の桜の樹に、強い逆光で出逢ったときだけに見ることのできる奇跡の光景である。今年、紅を放つ桜を、私は仕事で赴いた尾道で見た。港近くに一本きりで立つその樹は、あまりにも官能的だった。そして私は、本当の桜の絶頂がここにあることを知ったのだ。花は結果にしか過ぎない。花を賞賛されても、桜たちは静かに眠るだけだ。本当の仕事をする男たちがそうであるように。

この春、私に、ある地方都市プロジェクトの要を担ってくれないか、という提案が持ち込まれた。私の肩書きの一つ、事業コンサルタントの経歴に加えるのにはけっして悪い話ではなかった。ところが、私の仕事には無関心だと思っていた私の大好きなひとが、この話にはとても抵抗したのだ。

「あなたでは、そのプロジェクトはめちゃくちゃになるぞ。普通の人たちは、私のようにはあなたに耐えられないからね。先方が気の毒すぎる」

失礼ね、と憤慨したものの、私にもその意見に賛成する十分な根拠があった。非常に政治的な戦いを余儀なくされるであろうその役目に、私では機知が足りない。全体を見渡すことは得意でも、個々の事実、すなわち人の目論見を看破するということが元来苦手なのだ。羅針盤がたとえ精緻でも、もみくちゃになれば目標を見失う。迷惑なのは確かに先方だ。というわけで、この提案はお断りした。

「私が東京からいなくなったら、あなたが、静かにさびしがる。そう思ったら、なんだか涙が出ちゃったの。だから、断っといた。えらい？」

　私の三行の報告メールに、彼も三行の返信をくれた。

「あなたがもてあそばれるのは、私は悲しいからね。ただし、それが本当にあなたの意志の一つだったとしたら、申し訳なかったけれど」

　さびしい、に、悲しい、を返す、なんて。私はパソコンの画面に向かって姿勢を正してしまった。なぜなら、この三行は、おとなの男の壮大なラブレターだったから。

「寂しい」と「悲しい」は、視点が違う。「寂しい」は、自分を思う気持ちが勝つことばだ。自分が思念の中心にいて、自分を慰撫して欲しいときに使う。一方、「悲しい」は相手を見つめる視点で発せられる。すなわち、自分の孤独は「寂しい」けれど、愛するひとの孤独は「悲しい」のである。

　私が彼の仮想未来の寂しさを悲しがって出したメールに、彼は私の仮想未来の苦しみを悲しがって返事をくれた。これはけっこう粋な返歌じゃないかしら。ま、彼がまだまだ青くて、素直に寂しいって言えないだけかもしれないけれど。

語感的には、カナシイは、ちっとも悲しいことばではない。喉の破裂によって強く硬い印象を作るカに、舌が上顎を優しく撫でるナ、舌の上を優しく息が滑るシの組み合せ。さらにシは、口元にしぶきを作り出し、光のシャワーを髣髴とさせて、光拡散のイメージも持つ。

つまり、カナシは、強い刺激の後に、覆うように降りてくる優しい癒しと、美しい幻想。悲《かな》し、哀《かな》し、愛《かな》し……日本人は、古来、さまざまな漢字にこの読みを与えた。しみじみとたゆたう情緒に与えた音韻だったのだ。

切ない思いを表すことばに、痛みを癒す語感を添えたのは、いったい誰なのだろう。その優しさを思う度に、私は、人間という存在を愛さずにはいられない。

先のメールを、だから私は、壮大なラブレターと呼んだのだった。サビシに返された、カナシの三音。覆うように降りてくる優しい癒し。オトナの男の「悲しい」は、「愛してる」以上に、深い思いを伝えてくれたのだった。

このメールを、私は旅先で受け取った。尾道の、紅放つ桜に出逢う直前である。だからその紅に照らされて、私は大好きなひとを思うことになった。彼の紅（思い）を、今回のように強い逆光が見せてくれることがある。彼の思いはすべらかな枝の下に脈々と流れていて、でもまだ花芽にはならない。私に対する思いも、彼自身の人生に対する思いも。

　私は、彼の紅放つ時をゆっくりと楽しみたいと思う。時に彼は、仕事のために花を咲かせるのだけれど、事業の一つや二つじゃ彼の紅は使い切れない。私は、彼の枝下の紅を慈しみ、時に逆光に匂い立つ紅に官能を託し、ゆっくりと歩いて行くことになる。

　私のような理解者を得て「あなたって、本当に幸せな桜ね」と思うのだけれど、彼はぜんぜんそうは思っていないらしい。尾道の桜が、私がいなくても何十年も紅を放ってきたように、彼もただただ紅を放つだけなのだ。誰に見せるつもりでもなく。ま、だから、惚れているのだけれど。

憂いの魔女

雨の日には、大好きなひとの腕の中で一日中寝ていたい。ただ黙って、男の呼吸の舟に揺られたい。窓に当たる雨音や、樋から落ちて敷石に染み込む雫《しずく》の音、通りを走る車の轍《わだち》が水溜りを分ける飛沫の音。水の音が作る小さな宇宙の中に、私たちがいる。私たちは、世界でたったふたりの住人になれる。

……といいな。雨の日には一回、必ずそう思う。思うだけ、だけど。

遠い将来でいい。雨の降る日の音が、住む人を包むカプセルになる家を持ちたいと思う。そうして、立ち居振る舞いの静かなひとと、寄り添うようにして暮らすのだ。晴れた日はからりと素っ気無い家で、風の通り道にはサラサラと光にそよぐ植物を置く。雨の日は甘やかな憂いに満ちた閉空間になる。その素っ気無さと憂いの中で、散文詩のような対話を交わそう。

さて、その家がどんなビジュアルになるのか、実は私には想像もつかない。日本家屋なのか、アジアン・リゾートのコテージ風になるのか、モダンアートの作品みたいなアパートメントになるのか。だけど、音による空間イメージだけは明確にある。

そのような「かたちの無い家の想像」は、ときに話した相手を戸惑わせるみたいだ。私の空間認識は、音と匂いに偏っていて、次に触感、視覚が四番目に来る。なので、他人にその感性認識を伝えるときにとても苦労する。

住まいの話になっていきなり「雨の日に、甘やかな憂いのカプセルになる家がいいですね」と言ったら、この人どっかネジが外れてる、と思われる。気を遣って「屋根に当たる雨音っていいと思いません？」なんて振ると、話がどこへ行ったのかと怪訝《けげん》な顔をされるし、「空間と音の関係」なんて言い出すと理詰めの食えない女みたいだし、何より着地点まで気が遠くなるほど遠い。

実は、視覚認識や「常識」を第一義としない私のつむぐ対話は、ときに人を混乱させるらしい。

商談などで、「私の脳が感じること」の話題を持ち出すと、それまでの文脈と絡まないので、他人の話の腰を折ってしまうことになる。意味文脈が情緒文脈にスイッチングしてしまうからだ。この切り替えが起こると、意味文脈の元の位置に戻すのは至難の業《わざ》だ。ましてや、その日のメインゲストが情緒文脈に没頭してしまうと（たとえば「あなたは、風の音をどう思う？」とか「晴れた日の午後の、障子の微かな軋《きし》みの音に気がついているか?」とかに対話が滑ると)、意味文脈で対話を進めていた人の「起承」が宙に浮き「転結」が封じ込められて、心底恨まれることになる。

だからといって、意味文脈の起承転結が終わった後に、理解してくれそうな方にだけ、そっとふたりきりの対話を持ちかけると、今度は周囲の疑心暗鬼を誘ってしまうらしい。

どんなに気を遣っても、正統派の意味文脈プレイヤーには、情緒文脈は理解不能な搦《から》め手の手法に見えるようだ。私が、彼らの目の前からメインゲストをさらってしまったのが一体どんな手だったのかわからないので、怖れ、疑心暗鬼になり、何とかして葬り去ろうとする。私を、というより、理解できない何かを、だ。

若い頃は、なんでそんな大事になるのか、皆目わからなかった。私の創る情緒文脈は、一期一会の「ここでしか出来ない話題」を提供したいサービス精神と、他人はどう感じているのか確かめたい好奇心とで持ち出すだけなんだもの。「他人と私が違うことがそんなに悪いこととは思えない。私は、誰かが私と違うことを理由にその人を疎外したことはないもん、悪びれる必要はないわ」と、ずっと思っていた。

私の大好きなひとは、私の情緒文脈スイッチングを「魔法」と呼ぶ。私が、うっかり好奇心を抑えきれなくてこれをやると「やたらと魔法を使ってはいけないよ」と真剣に心配してくれるのだ。私が誹謗中傷に巻き込まれると「魔法を使ったんだから、しようがないね」と諭される。まるで、往年の人気ＴＶドラマ『奥さまは魔女』のダーリンだ。「ほんっと、ここが中世のヨーロッパだったら、君は今ごろ火焙りの刑だよ、サマンサ」

彼が、一般社会での私の魔法の乱用をダーリンのように憂いてくれるお陰で、私は、ようやく、自分は悪いことをしているのかもしれない、と思えてきた。自分の視点を素直に表現しているだけなのに、悪いわけだ。同じ視点も、こうやって文章にしたり講演で話せば評価されて仕事になるものなのに。その決定的な違いは、対話じゃないってことだろう。私の情緒文脈を味わってくれるひととのふたりきりの対話以外、この魔法を使わないこと。第三者を翻弄したり威嚇したりしないコツはこれしかないみたい。やっぱり、まるで『奥さまは魔女』のサマンサだ。

けどね、最近、彼があんまり私の魔法を悪く言うから、私がＴＶの画面に向かってダーリンに呟いていたことばを敢えてここで言おうっと。

「サマンサの魔法で、けっこう助かってるくせに、よく言うよ」

魔法はサマンサの最大の資質なのだ。それを使わずにいろというのは、手を縛って美味しい料理を作れというようなものでしょう？

ときどき、いっそ意味文脈が疎ましくなって、いっさい口をつぐみたくなる。電話にも出たくない。雨のカプセルにひとりで閉じ籠っていられたら、どんなにいいかしら。

象潟《きさがた》や　雨に西施が　ねぶの花（松尾芭蕉）

秋田県象潟での芭蕉の句である。ねぶは、夏に化粧刷毛のような淡いピンクの花をつける合歓《ねむ》の木の異名だ。降りしきる雨に佇む、夢幻的な花の姿を、中国の伝説の美女・西施に喩えた美しい一句である。

最後の五音をネムノハナと詠めば、甘い鼻音が四つ（ネ、ム、ノ、ナ）も並び、西施は、優しく甘やかな美女として歌い上げられるところだった。ところが、芭蕉は、あえてネブノハナと呼び、破裂音系濁音の野太い乱れを作った。

西施は、王を惑わす目的で、敵国に献上されてしまった絶世の美女である。目論見通りその国（呉）は滅びるが、国を乱すとして、彼女の故郷の越《えつ》は再び彼女を受け入れはしなかった。筆のような房状の合歓の花が、雨を含んでぽってりと滴るようすは、憂い顔の美女を思わせて、芭蕉にこの句を詠ませたのだろう。

この語感の天才は、一国の政治を乱すほどの女、西施の迫力には、ネムよりもネブのほうがふさわしいと見たのに違いない。そのセンスには、舌を巻く。たった一文字の違いで、優しく甘やかな美女が、深い憂いの魔女に変わり、しっかりと夏の雨の中に立っている。

美しい水

大好きなひとの気持ちを測りかねて、途方に暮れるときがある。若い頃はそんなとき、ことばが溢れて止まらなかったのに、今はことばが消えてしまう。不思議なことに、脳の待ち行列から、ことばがふっつりと消えてしまうのだ。

ことばが消えると、文脈が消える。これまでのいきさつもこれからの思惑も何もかも消えて、私はただことばを失うのだ。不満でもなく、不安でもなく。

私の大好きなひとは不思議な男で、私がことばを失うと、一緒にことばを消してしまう。穏やかな気配のまま。敵意でもなく、放棄でもなく。

なぜだろう。若い頃、恋人の隣でことばを失うというのは、言いたいことが溢れてことばを紡げないからだった。なので、胸の中は、不満と不安でいっぱいだ。隣の男も、私の不満に敵意を表し、私の不安を放棄して黙り込む。

今の私は、まったくことばを失うのである。どういうことかというと、そもそも「なぜ、途方に暮れたのか」さえもわからなくなってしまうのだ（もしかすると、単に呆けたってことかしらん)。

　この状態に入ると、私たちは宇宙空間に投げ出されたみたいに、「心地よく」途方に暮れることになる。そうしてしばらく漂った後、どうやって対話モードに戻ろうか、お互いちょっと悩むわけだ。このときの発話のタイミングとことばを間違えると、また宇宙空間に投げ出されることがあるからね(傍《はた》から見たら、倦怠期の中年カップルにしか見えないと思うなぁ。あ、けど、そうかもしれない。倦怠期って、こういうことだったのかも……)。

　さて、そんな「宇宙空間」で、私はときどき、水、を思っている。森羅万象を、水、で考えてみるのである。

　生物は半透膜で包まれた水の塊である、と考えてみるのだ。他のすべての機能は、この際、一切無視する。動く水の塊(動物)と、動かない水の塊(植物)とがあり、水はいずれかの生物の中に一時的に留まりはしても、大局的には、ただ通り過ぎるだけである。

　生物を通り過ぎた水は、水蒸気となって風になり、無機質の大地をくぐり抜けて、やがてまた生物のからだに戻る。森羅万象とは、その繰り返しに過ぎない。何も増えない、何も減らない、壮大な水の循環である、と。

人の思いが複雑に見えて仕方がないとき、私はそうやって世の中を見る。そうすれば、生きるということは、とても簡単になる。ただ、水を失いながら、水を取り込む反復運動に過ぎないのだもの。

水の塊である私に起こることは、振動と波紋だけだ。人のことばを振動で聞き、自分のことばを波紋で見る。心地よい音は、私の水に、美しい波紋を作る。心地よい空間、心地よい食事、心地よい触れ合い。すべて、私の水に起こる振動だ。私は、ただ、その美しい波紋が広がるのをゆっくりと味わう。

波紋の美しさで、今、必要なものを知る。今、必要なものだけを身の回りにおく癒しがある。この知性をくれたのは、私の大好きなひとだった。

彼は、私が出逢った数少ない「素の水のひと」だ。嫌なことはしない、言い訳もしない。何の容器にも入っていない、素の水をさらけ出している。水を取り込み、水を失う静かな生物。非常にシンプルだ。

そのせいで、彼の水に広がる波紋を、私はそのまま感じることができる。初めてそれに気付いたとき、このひとはなんて、美しい水、なのだろうと思った。

私は、ときに彼の水が欲しくて、彼の呼気を吸ってみることがある。ほんとうにさやかな水蒸気。猫のように顔の周りでくんくんするので、彼は笑うけど。

ところで、よくよく観察してみると、彼は私以外の人には、けっこうサービス精神があってスマートなのだ。公的な場所にいるときの彼の水は、カッコイイ袋に入っている。嫌な顔一つせずに美学に反することも（必要なら）やるし、よその女の人には口数も多い。私にだけ、とことん怠惰なのは「どういうこと⁉」と腹が立ったこともあったけど、素の水のぷるんとした風情で私の傍にいる彼を見ていて、あるとき私は気づいた。

おとなの男の怠惰は、愛情と同義なんだってこと（！）。

男の正体は億劫がりなのであって、女の誹《そし》りを受けて立つほうがさらに億劫なので、それを隠す程度に動いてみせる。その正体を見せてしまうのは、相手の女をよほど見くびった場合か、本当に信頼した場合しかないのである。私の場合がそのどちらなのか悩むべきところではあるけれど、ま、仮に前者だとしても気にしない。なぜなら、おとなの男の場合、女を見くびるのも信頼するのも、これまた、ほとんど同義だからだ。

怠惰と見くびりと愛情が、同義。この命題が真だってこと、たいていの女は繁殖期が終わるまでは気付かないと思う。けど、気付くべきだ。目の前の怠惰な男に別れを告げて、次の王子様を探しても、果ては同じことなのだから。男の愛情双六の上がりはここ。そもそも、私たち女とは、違うゴールを目指しているのである。

けど、自分だけに怠惰な男を眺めているのもいいものだ。彼の水が見えるのは私だけ。彼の波紋の美しさに照らされるのも私だけなのだもの。愛しくなって、やっぱり、男の呼気を吸ってみたくなる。

さて、彼の呼気を吸うのには、彼の水以外にもう一つ理由がある。呼吸は、相手と意識を重ねるための大切な手段だからだ。

私は学生時代にボールルームダンス（いわゆる社交ダンス）の競技部にいた。ワルツやタンゴのようなスタンダード種目では、完全なコンタクト・スタイル（肋骨から、骨盤までを密着させるスタイル）で、非定型のダンスを踊る。つまり、ショーのようにあらかじめ決まった一連のダンスを披露するのではなくて、他の競技者を避けながら、フロアの空き具合によって、その場でシークエンス（ターンやステップの組み合せ）を創生していくのである。シークエンスを作るのは男性でリーダーと呼ばれ、このため男性前進で始めるステップがほとんどだ。対して女性は、フロアに背を向けたまま、男性の身体のリードだけを感じて動く。

そのとき、私はあることに気付いた。リーダーと呼吸を合わせると、彼のリードのほんの少し前に、彼の意図が伝わってくるのだ。ターンの歩幅も間違いがない。まるで魔法のようだった。

私は、それ以来、大切な対話のときに、相手の呼吸を読むようになった。呼吸は、その人の意識の有り様を見せる。ことばは、呼吸に乗せると効果がある。

たとえば、息子が幼いとき、何かで駄々をこねると、私は少し強い声で名前を呼んだ。はっとして彼が息を呑んだ後の呼気を待って、抱きしめてやるのだ。息を吐く瞬間の抱擁は効く。同じ動作でも、息を吸っているときだと、かえってぐずることがある。これは、おとなでも同じじゃないかしら。女性を抱擁するときは、ふぅっと息を吐いた瞬間がいい。ふぅっと息を吐かせるには、「開けごま」のことばが要るけど。

ダンスの後、私はスキューバ・ダイビングに夢中だった時期があって、このとき、インストラクターに言われたことが「息は、吐かなきゃ吸えないんだよ」だった。吸うことばかり意識して吐ききらないから、タンクの高圧空気が肺に入らないのだ。

不思議なもので、普段、無意識に行っている呼吸という動作は、吸って吐く組み合せだと意識してみるのと、吐いて吸う組み合せだと意識してみるのと、まったく違って感じられる。気持ちの方向が違ってくるのだ。意識、というのは、そういうことなのかもしれない。意識は呼吸にあらわれ、呼吸は意識を支配する。

「息を吐いて」と書かれたプラスチック板を指差すインストラクターを見ながら、フイリピンの海の中で、私は、もう一度気がついたのだ。あのダンスの呼吸、私は吸気から合わせたけれど、半拍前の呼気から合わせたら、もっと完璧だったに違いない。

さて、話はぐるんと戻ってしまうが、途方に暮れた沈黙の中でこんなに長い思考の旅に出てしまうと、彼はたっぷり二十分は待たされることになる。はっとして彼を見ると、たいていは彼も勝手に思考の旅に出ているけれど。

こうなると、ますます最初の「なぜ、途方に暮れたのか」は思い出せない。そもそも私の「途方に暮れる」なんて、その程度のことなのか、何か大切なことを落としてしまったのか、どっちなんだろう。

物語の扉

この夏、二つの御題をいただいた。川端康成の『雪国』と、永井荷風の『濹東綺《ぼくとうき》譚《たん》』である。この二つ、舞台設定は違うが同じ匂いがする。そうおっしゃったのは社会派ライターの森彰英氏だ。

ショウエイさんの嗅覚は正しい。この点に気付かれたことも、この課題を私に持ち込んだことも。私にはこの二つの小説、男性脳の空間創生美学という観点で、まったく同じ小説に見えるのだもの。

空間認識をさがとする男性脳は、日常とは別の異空間を創生せずには生きていけない。どんな男も、その脳の中に、女房には理解できない異空間がある。そして、たいていの男は、異空間に入るための儀式のようなものを持っている。

川端と荷風は、雪国と濹東で、それぞれの異空間を芸術として見事に創生している。着目すべき第一の点として、彼らには異空間に遷移する明白な儀式があった。トンネルと川、である。

雪国・越後湯沢は、ご存知の通り「国境の長いトンネル」を抜けた先にある。群馬県側は関東ローム層の乾いた大地であり、山中に入ってもその植生を引きずっている。抜けた先の新潟県側は、湿度の高さが圧倒的な、まったくの別世界だ。森全体が濡れて思い詰めているように重い。雪がなくても、息を呑むような異境である。

濹東綺譚は、その名の通り、隅田川を東に渡る（濹は隅田川の別名・墨水に由来する）。玉の井と呼ばれた色町が荷風の異境だ。私は隅田川の西岸、蔵前辺りの住人だけれども、今でも「川向う」ということばにはある種の重さがある。川はすべての穢れを洗い流してくれる場所で、江戸社会では、忌むべき仕事は川向うにあったとされた。精神的な距離は非常に遠い。

山の手の住人であった荷風が、下町に下りてきて、更に川を渡る。その儀式の重さは、上野から汽車に乗って五時間の雪国への旅にも匹敵すると思う。

考えてみると、二つのタイトル、『雪国』と『濹東綺譚』は、これらの儀式と、その儀式によって遷移する異空間のイメージを、うまく顕在化していると思う。

『雪国』というタイトルの本を手にとって、冒頭の「国境の長いトンネルを抜けると雪国であった。夜の底が白くなった」とやられてしまうと、脳はすっかり異空間だ。ここまで見事だと、秀逸な一幅の画を見ているようで、ここで起こることの起承転結など、読者はあんまり気にしていないのではないだろうか。たぶん、物語の顚末をきちんと話せる人は少ないと思う。

ここに、二人の作家は、異空間に相応《ふさわ》しい女を遊ばせた。芸者・駒子と、遊女・お雪である。

ちなみに、女性脳には、男性脳の空間遷移の癖を理解することは絶対にできない。そんな女性脳と暮らしながら、日常に隣接した異空間をどう創生するかは、おとなの男の教養でもある。いい男は、いい異空間を「飼って」いる。彼らがそこに敢えて女を迎えるとき、欲するのは、異空間に愛しいオブジェとして存在し、そこからけっして出てこない女たちなのだ。人道上の善し悪しは別にして、健康な男性脳はそう望む。もちろん、そんな女の数は、男の創生する異空間の数に較べて圧倒的に少ない。たいていの幸せな女たちは、日常空間に棲息しているからね。だから、『雪国』や『濹東綺譚』がおとなの男たちにそっと読み継がれるのである。

川端が『雪国』を書いたのが三十代半ば、荷風が『濹東綺譚』を書いたのが五十代半ばだという。脳の持つ基本イメージとして、以前から私は、トンネルは生（産道）のモチーフ、川は死（彼岸）のモチーフだと思っている。この二人の手法の違いは、年齢に拠るところも大きいかもしれない。

その影響は異空間の後始末にも顕れていて、『雪国』の主人公島村は雪国に飽きるけれども、『濹東綺譚』の主人公「わたくし」は玉の井を諦める。物語の扉を、開けっ放しで去った川端と、静かに閉めた荷風。生殖期間中の男性脳で書いた『雪国』は、まだ青い、と言えるかもしれない。

さて、男性脳の異空間遷移性を言うのであれば、女性脳も語ってやらなくては。女も異空間を楽しむのが好きだ。ただし、そこへ至る手法が、男性とは違うのである。

先日、食事の前に一時間ほど手が空いたので、夕暮れの風に涼をもらいながら紹の着物を着てみることにした。長襦袢に薄物の襟をかけ、化粧を直して、髪を上げる。袖を通して着丈を測り、紐を重ねて最後の帯揚げを整えるまで、手早いほうだと思うけれど四十五分はかかる。

その間、少しずつ、私の内側に霧のように満ちてくるものがある。情緒と言ったら美しすぎる、官能と呼ぶには大袈裟すぎる、そんな何かだ。帯を結ぶ頃には、その思いの霧は、身体の内側で結露して雫になる。

時間《とき》をまとう。帯の衣擦れを聞きながら、ふと、そんなことばが浮かんだ。時間が結んだ、情の雫を胸に、大切なひとに逢う。

女性脳は、時間軸を制する脳である。私たちが異空間に移動するには、「時間」が要る。男たちが、異空間に移動するのに、空間の変移が必要なのとは少し違うのである。女たちが旅をするのは、空間を移動する「時間」を貪るためであって、空間遷移は実は第一目的ではない。湯布院が隣町にあっても、女性脳はロマンスを感じられないのだ。

逆に女性脳は、空間移動をしなくてもいい、ということになる。約束の日を指折り数える時間、仕度をする時間、大切なひとを待つ時間、ゆっくりと食事をする時間。女の情の雫を大きくしたいのなら、男たちは時間を端折《はしょ》ってはいけない。

舞台が変われば一瞬でその気になれる男性脳には、女性脳が必要とする積み重ね時間を面倒臭いと思うかもしれない。けれど、その時間は別に共有する必要がないのだもの、楽なものだ。前々から楽しみにさせて、仕度に時間をかけさせればいい。

たとえば「梅雨が明けたら、川を渡って美味しいビールを呑みに行こう」（吾妻橋のアサヒビールのことですね）と声をかけるだけでいい。梅雨の間中、女は楽しみにしている。肩のあいたワンピースを買ってみたりする。別に銀座のレストランでなくてもいいのだ。積み上げ時間が大切なんだからね。こうなれば、当日、男が遅れ気味に駆けつけても、到着したとき女性はもうその気。楽なもんでしょ？　無粋な男はそれを端折って、当日も時間をうまく紡げないから、徹底的に女を白けさせる。もてる男ともてない男はそこが違うんだけど、男たちはわかっているのかしら？

この話を男性にすると、「そこまで期待させると、駄目になったときがねぇ」と必ず言われる。男性脳の論理は、結果に集約される。なので、高い期待値に対して負の結果を返すことの落差に怯えるのだろう。だけど、心配しなくてもいい。女性脳の情は時間軸の積分関数で溜まってゆくからね。たとえ約束が果たされなくても、約束を大切に思いあった時間は彼女には残る。夏のビールが楽しめなかったら、秋のビールだって美味しいわ、と機嫌良く切り返してくれるはずだ。

逆に気をつけなければならないのは、女が男の不誠実を我慢して許しているときである。女は、ネガティブな思いも期待感と同じように時間軸に溜めてゆく。その値がある閾値《しきいち》を超えたとき、女性脳は突然何もかも嫌になって投げ出してしまうのだ。こうなると、けっして取り返しが付かないのが女性脳だ。

男性脳は、よほどぎりぎりの判定でない限り三回許したことは千回目も許すのが基本だ。女性脳は一万回許しても、一万一回目に許すとは限らない。ビールの約束も、クリスマスまでに果たさなかったらちょっと危険かもしれない。

さて、男たちが女性脳の積み上げ時間を知らない一方で、女たちも男の空間遷移の妙を理解していない。空間が遷移してしまえば、男たちの生理的な記憶は意外に断絶してしまうもので、空間の切り分けさえ間違わなければ、恋人への情愛と仕事への情熱、女房への慈愛は混ざらないのが男性脳だ。彼らの脳内には、仕事や家庭や恋人の棲む認識世界が別々に複数存在する。すなわち、複数の「物語の扉」を持っている。

一方、女は、仕事している最中でも、雨が降り始めれば、子どもの傘を心配し、寝室の窓が閉まっているかどうかが気にかかり、スーパーマーケットの「雨の日」割引まで思い至る。すべての認識空間が、たった一つの世界になって脳の中に存在するのだ。女たちの「物語の扉」は一つ。自分というヒロインを中心に、膨大な物語を紡いでいる。

女が「どんなに忙しくても、気持ちがあれば電話の一本くらい出来るはず」と責めるのは、自分は難なくそれができるからで、仕事と家事と恋愛と人生をすべて一つのテーブルに載せて、混ぜこぜにどんどん片付けているからだ。

男たちの場合は、それらは一つの命題にのらない。「物語の扉」を隔てて、容易には行き来できない独立事象なのである。男はそのことを、もう少し女にわかり易く表現してやったほうがいい。

ありがたいことに、私の大好きなひとのそれは、とてもわかり易い。彼の東京物語の扉は、羽田の出発ゲートで閉じるからだ。私は、空港へ見送りに行く、という行為を気に入っている。あのひとが向こうの物語へ消えてゆくのを眺めているうちに、私の物語の扉もちゃんと閉じるから。私の脳は、まるで優秀な男性脳のように、あのひとの現実感を失くしてしまう。同じ頃、気流に乗った彼の脳で、私が非現実のオブジェになってしまうのと同じように。

終わりの魔法

とても悲しい夢で目が覚めた。休日の昼下がりのことだ。私の不注意で、家族を失う夢だった。無防備に、私にすべてを委ねている、穏やかないのち。なまえを幾度呼んでも取り返しがつかない。おとなになってみると、この幻想ほど恐ろしいものはない。

あんまり悲しかったので、私は反則を犯した。私の大好きなひとに電話をしたのだ。私の妄想が創り出す悲しみに、彼を付き合わせたことはなかったのに。

「どうしたの？」と心配そうに聞いた彼に、悪い夢を見たのだと告げたら、涙が止まらなくなってしまった。気がついたら、子どもの頃のようにしゃくり上げていた。

「いいこと、教えてあげようか？」

彼が言った。

「私も今、目が覚めたのだよ。まだ、寝床の中にいる。あなたと同じように」

このことばで、私はふんわりと、背後から抱きすくめられた。何百ｋｍも隔てた彼の腕が、しっかりと私を支えてくれた。「実存と一緒ね」と呟いたら、「実存なのだよ」と、確かに寝起きの声で、彼が応えた。

その日から、私の大好きなひとは、ずっと私の傍にいる。電話なんか使わなくても、私を包む森羅万象となって、私に光を降り注いでくれている。たった二往復半の会話で、彼は永遠の実存を私にくれたのだった。

「実存なのだよ」は、私が人生でもらった、最上の別れのことば、でもある。私たちは二度と離れ離れにならない。たとえ実際の指が触れ合うこともなく、互いの肉体を見失ったとしても。彼のことばは、永遠に終わりのない珠玉の呪文、「終わりの魔法」だ。

私は、この「終わりの魔法」をかけてもらうために女に生まれてきたのだと思っている。ここまで幾度の輪廻を重ねてきたのか知らないけれど、私はたぶんこの肉体の死をもって森羅万象に散ると信じる。彼が森羅万象に散って、私の傍にいてくれるように。

さて、となると、私がこの後の余生を生きる意味は何だろうか。この世には、まだ秘密の魔法があるのかしら。ま、少なくとも先月十一歳になったばかりの息子にこのことを伝えるためには、もう少し時間がいる。息子には、男と生まれた以上、愛するひとに「終わりの魔法」を与えて欲しい。彼の生き様と、彼のことばで。それが男子の本懐なのではないだろうか。たった一つの魂が、ただ一つの魂を鎮めるのみ。尺度を一つに決めたら、人生は、ただただシンプルだ。

「終わりの魔法」のせいかしら。この夏は、何となく、余剰のエネルギーを収支決算するような出来事が続いた。

先週は、我が家の若い雌猫の脚に骨の奇形が見つかった。愛らしさを追求して掛け合わされたこの種の猫に出やすい奇形だそうだ。「だから、この子は、猫らしくないのですよ」と獣医の先生が言う。子孫を残すための、立派な固体とは違う、という意味だった。

確かに彼女は、食べ物にほとんど執着せず、発情しても穏やかで、子どもたちに構われても怒りもせず、ちっとも獣らしくない。妖精のような不確かな存在感の猫なのだ。

今は、ちょっと鈍臭い程度のバランスの悪さだけれど、この奇形は進行して、やがて本人が苦痛を感じるまでになることもあるという。遺伝子のプログラムなので、治療方法も対症療法もないのです、そのときは……と気の毒そうに獣医が口をつぐんだ。安楽死を示唆しているのだと思う。

この話を聞いて、私は、実はほっとしていた。若く美しい生き物をマンションの一室に閉じ込めて暮らすことに、私自身がどんなにストレスを感じていたかわからない。街を冒険する自由も、恋を楽しむ愉楽も、母猫になる誇りも彼女にはないのだもの。その存在に与えられた生を全うさせてやれないことが、私には辛くてたまらなかった。

けれど、彼女は、そのための個体でないという。ただ静かに今生を全うする個体なのだ。奇形は気の毒だけれど、これが猫に時折見られる奇形で、彼女の運命だとするなら、よくぞ私のところへ来てくれたと思う。後は、彼女の苦痛を最小限に留める努力をするのみだ。

こう考えてみると、人は、自身が償《つぐな》える分の入力エネルギーだけを手に入れて暮らしてゆくものなのかもしれない。風変わりな一人息子と、妖精のような猫、超実存の大好きなひと。これが、今の私がなんとか償えるものたちだ。ささやかな人生なのか、奇特な人生なのか、なんとも測りようがないけれど。

そんなことを考えながら歩いていたら、残暑の川土手に彼岸花が咲いていた。まるで、誰かの償えなかった思いを昇華させているかのように、唐突な形状の、燃える紅を咲かせている。

ヒガンは、苛烈な語感を持ったことばである。

ヒは、喉を空けて、肺の中の空気を一気に喉元にぶつける音。喉にぶつけられた息は、上あごを扇状に滑って、前歯を擦る。体内温を集めて喉を焼いた熱い息は、上あごをあまねく干上がらせ、やがて驚くほど冷たい風になって唇を刺す。

この世で、最も熱く、最も冷たい情念が、ことごとく、世界を覆い尽くすさま……口の中で起こることを突き詰めると、ヒはとても強いカリスマ性を感じさせる。まさに、ヒーローのヒ。使いようによっては、怖い音なのだ。たとえば、幽霊に、たった一文字言わせるとしたら、「ひ」が一番怖いはず。叩きつけるような「た」や、突き刺すような「き」もかなわない。ヒッチコック監督は、その名がもう怖ろしいのである。リッチコックの「鳥」より、ヒッチコックの「鳥」と言われたほうが怖ろしい。

そのヒに、頭蓋を芯から揺さぶるガが続き、最後のンは喉を塞ぐ。ヒガンの語感分析をしていて、その苛烈さに、私は息を呑んだ。彼岸に渡るには、こんなにも苛烈な状況を抜けなければならないのだろうか。

あるいは、人の一生とは、その苛烈さを数十年に引き伸ばして、昇華して行く道のりなのかもしれない。一度で昇華できなければ、輪廻して、何度でも。

彼岸花は、毒々しい華やかさを撒き散らして、残暑の陽炎《かげろう》の中にすっくと立つ。私たちは、忌まわしいと舌打ちしながら、この花をそっと振り返る。誰の心の中にも、この花だけに慰撫される、忌まわしい情念のようなものがある。

いったい、この花を、誰がヒガンバナと呼んだのだろう。そのずっと以前、苛烈な生の情念を昇華して逝く先に、ヒガンという音韻を与えたのは、どのような知性だったのだろうか。

それにしても、ことばとは、何なのだろうか。何百年、何千年の悠久の時間に、数え切れないほど繰り返し使われたことばたち。ことばを口にするとき、私の中に、誰かが過去にそのことばに託した思いが流れ込んでくるような気がするときがある。ヒガンバナ、とゆっくり発音すると、彼岸花を振り返らずにはいられなかった女の哀しさが私の中心にすとんと落ちてくる。彼女が亡くした幼子の小さな指が、私にも見えるのだ。

ことばの不思議は、じんわり温かくて、なんとも愛《かな》しい。大好きなひととの「終わりの魔法」で、私がその場で森羅万象に散らなかったわけは、ことばの旅の途上にあるせいかもしれない。せめて、生きた証に、やさしいことばを一つ残して散りたいとだけ、願うように思っている。けれど、たった一つのことばを選ぶのは難しい。だからこそ、こうして一冊の本が出来上がるのだけれど。

この作品は左記連載、単行本を文庫化にあたり再編集した後、加筆・修正し収録した。
●第一部　家族の風景
広島銀行経済研究所機関誌「カレントひろしま」二〇一四年二月号から二〇一六年五月号掲載分から抜粋（連載タイトル「感じることば」）。
●第二部　恋の情景
二〇〇三年四月筑摩書房より刊行された単行本『感じることば　情緒をめぐる思考の実験』から抜粋。

感《かん》じることば

二〇一六年 七 月一〇日 初版印刷
二〇一六年 七 月二〇日 初版発行

著 者 黒川《くろかわ》伊《い》保子《ほこ》
発行者 小野寺優
発行所 株式会社河出書房新社
〒一五一－〇〇五一
東京都渋谷区千駄ヶ谷二－三二－二
電話〇三－三四〇四－八六一一（編集）
〇三－三四〇四－一二〇一（営業）
http://www.kawade.co.jp/

ロゴ・表紙デザイン 粟津潔
本文フォーマット 佐々木暁
本文組版 株式会社創都
印刷・製本 中央精版印刷株式会社

Printed in Japan ISBN978-4-309-41462-1

大野晋の日本語相談

大野晋　41271-9

一ケ月の「ケ」はなぜ「か」と読む？　なぜアルは動詞なのにナイは形容詞？　日本人は外国語学習が下手なの？　読者の素朴な疑問87に日本語の泰斗が名回答。最高の日本語教室。

異体字の世界　旧字・俗字・略字の漢字百科〈最新版〉

小池和夫　41244-3

常用漢字の変遷、人名用漢字の混乱、ケータイからスマホへ進化し続ける漢字の現在を、異形の文字から解き明かした増補改訂新版。あまりにも不思議な、驚きのアナザーワールドへようこそ！

涙が出るほどいい話　第1集　あのときは、ありがとう

「小さな親切」運動本部〔編〕　40788-3

シリーズ総計百四十万部超の大ベストセラーを文庫化。身のまわりで起こった小さな親切をテーマに、全国から寄せられた“いい話”を収めた珠玉の実話集。人の温かさ、優しい気持ちが凝縮された一冊。

科学以前の心

中谷宇吉郎　福岡伸一〔編〕　41212-2

雪の科学者にして名随筆家・中谷宇吉郎のエッセイを生物学者・福岡伸一氏が集成。雪に日食、温泉と料理、映画や古寺名刹、原子力やコンピュータ。精密な知性とみずみずしい感性が織りなす珠玉の二十五篇。

内臓とこころ

三木成夫　41205-4

「こころ」とは、内蔵された宇宙のリズムである……子供の発育過程から、人間に「こころ」が形成されるまでを解明した解剖学者の伝説的名著。育児・教育・医療の意味を根源から問い直す。

日本人の死生観

吉野裕子　41358-7

古代日本人は木や山を蛇に見立てて神とした。生誕は蛇から人への変身であり、死は人から蛇への変身であった……神道の底流をなす蛇信仰の核心に迫り、日本の神イメージを一変させる吉野民俗学の代表作！